普通高等教育公共基础课系列教材

大学生职业生涯规划与人生发展

（修订版）

叶昇尧　邵　阳　主　编

何苗苗　副主编

科 学 出 版 社

北　京

内 容 简 介

本书通过对大学生职业生涯规划相关知识的讲解，帮助大学生全面认识自我，发挥自身优势，理性地规划未来的发展，在大学期间提高职业生涯管理能力和职业素养。

本书主要内容包括职业生涯规划与人生发展、职业生涯设计与管理、职业性格探索、职业价值观探索、职业兴趣探索、职业能力探索、职业探索与环境评估、职业生涯规划制订，书末附有大学生职业生涯规划书范例。

本书既可作为高等院校学生的学习用书，也可供广大青年读者参考。

图书在版编目(CIP)数据

大学生职业生涯规划与人生发展/叶昇尧，邵阳主编. —北京：科学出版社，2017

（普通高等教育公共基础课系列教材）

ISBN 978-7-03-054062-1

Ⅰ.①大… Ⅱ.①叶… ②邵… Ⅲ.①大学生-职业选择-高等学校-教材 Ⅳ.①G647.38

中国版本图书馆 CIP 数据核字（2017）第 185063 号

责任编辑：吕燕新 李 海 王 惠 / 责任校对：张 曼

责任印制：吕春珉 / 封面设计：东方人华平面设计部

科学出版社出版

北京东黄城根北街 16 号

邮政编码：100717

http://www.sciencep.com

三河市骏杰印刷有限公司印刷

科学出版社发行 各地新华书店经销

*

2017 年 9 月第 一 版 开本：787×1092 1/16

2023 年 7 月修 订 版 印张：9 1/2

2023 年 7 月第七次印刷 字数：217 000

定价：45.00 元

（如有印装质量问题，我社负责调换〈骏杰〉）

销售部电话 010-62136230 编辑部电话 010-62135397-2052

前　言

教育是国之大计、党之大计。培养什么人、怎样培养人、为谁培养人是教育的根本问题。育人的根本在于立德。本书全面贯彻党的教育方针，落实立德树人根本任务，坚持为党育人、为国育才的原则，全面提高人才培养质量，培养德智体美劳全面发展的社会主义建设者和接班人。

一个人选择什么样的职业，想取得什么样的成就，想过怎样的生活，是可以通过学习与工作实现的。青年大学生从学校走向社会将面对一个全新的世界，在这个世界里，使大学生能够立足的是所选职业，它不仅是生活的基础，更重要的是它体现出每个人存在的价值。因此，针对个人特点进行职业规划，确立未来发展方向，显得格外重要。但职业的发展走向需要我们进行科学规划，“善于规划职业路径的人将走向成功”。为此，编者在认真总结大学生职业生涯规划与人生发展经验的基础上，结合课堂教学实践，编写了本书。

本书注重理论与实际相结合，设有案例分析、资料、课堂互动、问卷调查等模块，方便学生理解并运用心理学知识加深对自己职业规划的认识。

本书由叶昇尧、邵阳担任主编，由何苗苗担任副主编。

由于编者水平有限，书中不足之处在所难免，敬请广大读者批评指正。

前言

目　录

项目一　职业生涯规划与人生发展

职业生涯规划是指结合自身条件和现实环境，确立自己的职业目标，选择职业道路，制订相应的培训、教育和工作计划，并按照职业生涯发展的阶段实施具体行动目标，从而实现目标的过程。它是指个人与组织结合，在对职业生涯的主客观条件进行测定、分析、总结的基础上，对自己的兴趣、爱好、能力、特点进行综合分析与权衡，结合时代特点，根据自己的职业倾向，确定最佳的职业奋斗目标，并为实现这一目标做出行之有效的安排。职业生涯设计的目的不仅是帮助个人按照自己的条件找到一份合适的工作，更重要的是帮助个人真正了解自己，筹划未来，根据主客观条件设计出合理且可行的职业生涯发展方向。由于职业生涯贯穿人的一生，因此，对职业生涯的规划，就是为自己的未来人生绘制理想的蓝图。

任务一　职业生涯规划的重要意义

面对严峻的就业形势，对大学生进行职业规划教育，对学生了解自我、认识自我、定位自我、发展自我，避免择业的盲从和失败，是很有必要的；对高校的长远发展及社会的和谐发展也是很有意义的。

一、大学生进行职业生涯规划是社会进步和职业发展变化的需要

社会的文明进步离不开高素质的人才，人力资源是经济和社会发展的第一资源，是国家保持蓬勃活力的长效保证。大学生职业生涯规划教育的本质在于促进大学生的全面发展和培养大学生的综合素质，以满足社会对人才的需求，减少社会人才资本的浪费。对大学生开展职业生涯规划教育，目的是促进大学生职业和个人能力的有效匹配，做到人尽其才、才尽其用。“面向 21 世纪国际教育研讨会”上的报告中指出，未来的人应该掌握三张“教育通行证”，一张是学术的，一张是职业的，最后一张则证明一个人的事业心和创造力。社会不仅要求人才具有合理的知识结构，还要具有较好的逻辑思维、社会活动和科研创新等综合能力，更要具有职业能力。这就提醒我们，在进行职业生涯规划时不仅要本着个人的意愿，更要了解社会的需求变化和职业的发展变化情况。只有具备了正确的职业规划理念，才能明确人生目标，在众多职业中找到适合自己发展的职业，少走弯路，在事业上取得成功。

二、大学生进行职业生涯规划是高校适应大学生就业制度改革与发展的需要

改革开放以来，我国在政治、经济、文化等领域发生了翻天覆地的变化，高等教育

由精英教育转为大众化教育，就业体制也由国家“统包统分”转向“双向选择、自主择业”的市场模式，企业更加注重通过价格机制来选用合适的人才。在高等教育迅速发展的同时，大学生择业、就业成为一个比较敏感和复杂的社会问题。因此，面对这一现实，高校必须认识到大学毕业生就是学校的“产品”。高校培养的人才是否符合社会的需要，“产品”是否适销对路，质量是否合格，需要接受社会的检验。学生能否顺利就业是检验高校办学质量的试金石。高素质的毕业生可以为学校赢得良好的声誉与知名度，而良好的声誉与知名度，又是高校吸引用人单位招聘毕业生的“金字招牌”。对大学生开展职业生涯规划教育，既可全面提升他们的综合素质，提高就业竞争力，又可使他们的就业观念变得务实，就业手段更为丰富，就业渠道更为多元化，从而有效缓解了就业压力。

三、大学生进行职业生涯规划是明确职业奋斗方向、全面发展的需要

职业生涯规划的重大意义在于根据自身特点寻找适合自己发展的职业，使自己明确奋斗目标。职业生涯规划的关键是准确对自己定位，核心是选择一种理想的职业，以实现个体与职业的最佳匹配。一份有效的职业生涯规划，能够引导大学生认识自身的个性特质、现有和潜在的资源优势，帮助他们正确认识自身的价值并使其持续增值。然而，受传统择业观的误导，很多大学生只追求进入行政事业单位，倾向于大企业、大城市，没有考虑是否适合自身发展。殊不知，不适合自身的发展，再好的职业也谈不上理想的职业。职业生涯规划可以引导学生通过对自己的综合优势与劣势进行对比分析，科学地评价与认识自我，根据社会需求信号和自身条件有意识地锻炼自己的能力和素质，瞄准和选择能够最大限度地发挥自己潜能的职业方向，完成切实可行的职业计划，并积极进行相应的职业知识储备。通过职业规划，让大学生从一开始就能认清自己的人生发展方向，并为实现自己的目标努力，由“要我学”变为“我要学”，由被动变为主动，增强学习的主动性。

任务二　职业生涯发展阶段的划分

职业管理学家萨柏（Super）把人的职业发展划分为以下 5 个阶段。

一、成长阶段

0～14 岁，人会经历对职业从好奇、幻想到有兴趣、有意识培养职业能力的逐步成长过程。萨柏将这一阶段具体分为以下 3 个成长期。

1）幻想期（10 岁之前）。儿童从外界感知到许多职业，对于自己觉得好玩和喜爱的职业充满幻想并进行模仿。

2）兴趣期（11～12 岁）。以兴趣为中心，理解、评价职业，开始做出职业选择。

3）能力期（13～14 岁）。开始考虑自身条件与喜爱的职业是否相符，有意识地进行能力培养。

二、探索阶段

15～24 岁，属于为学习打基础的阶段，也可分为以下 3 个时期。

1）试验期（15～17 岁）。综合认识和考虑自己的兴趣、能力、机会，开始进行择业尝试。

2）过渡期（18～21 岁）。进入劳动力市场，或者进行专门的职业培训。

3）试验承诺期（22～24 岁）。选定工作领域，开始从事某种职业。

三、建立阶段

25～44 岁，为建立稳定职业的阶段，经过以下 2 个时期。

1）尝试期（25～30 岁）。对当初就业选定的职业不满意，再次选择、变换职业工作。变换次数不等，也可能满意初选职业而无变换。

2）稳定期（31～44 岁）。最终职业确定，工作趋向稳定。

四、维持阶段

在 45～64 岁这一段时间内，劳动者一般“功成名就”，不再考虑变换职业，只力求维持已取得的成就和社会地位。

五、衰退阶段

65 岁以后，人的健康状况和工作能力逐步衰退，即将退休，结束职业生涯。

在萨柏的职业生涯发展阶段中，每一阶段都需要完成一些特定的发展任务，并达到一定的发展水准或成就水准，而且前一阶段发展任务的达成与否关系到下一阶段的发展。萨柏认为，在人一生的生涯发展中，各个阶段都要面对成长、探索、建立、维持和衰退的问题，因而形成“成长—探索—建立—维持—衰退”的循环。例如，一个大学一年级的新生必须适应新的角色与学习环境，经过“成长”“探索”，“建立”了较固定的适应模式，同时“维持”了大学学习生活之后，又要进入另一个阶段——准备求职。原有的已经适应社会的习惯会逐渐衰退，新阶段的任务又要经历“成长—探索—建立—维持—衰退”这一过程，如此周而复始。

任务三　职业成功与人生成功

职业是人生的基石，具有人生功能。它既是人们谋生的手段，又是承担社会责任的方式，还是实现人生价值的途径。追求卓越，渴望成功，是古今中外有识之士的不懈追求，你今天站在哪里可能并不重要，但是下一步你迈向何方却很重要，成功的人生是科学规划的结果。

案例分析

1984 年，在东京国际马拉松邀请赛中，日本选手山田本一出人意料地夺得了世界冠军。当记者问他凭什么取得如此惊人的成绩时，他说："用智慧战胜对手。"当时许多人认为这个偶然夺得世界冠军的选手是在故弄玄虚。两年后，意大利国际马拉松邀请赛在意大利北部城市米兰举行，山田本一代表日本参加比赛。这一次，他又获得了世界冠军。记者又请他谈经验。山田本一不善于言谈，回答的仍是"用智慧战胜对手"。这次记者没有再在报纸上挖苦他，但对他所谓的智慧迷惑不解。

10 年后，这个谜终于被解开了。山田本一在自传中写道："每次比赛之前，我都要乘车把比赛的线路仔细地看一遍，并把沿途醒目的标志画下来，比如，第一个标志是一家银行，第二个标志是一棵大树，第三个标志是一座红房子……一直画到赛程的终点。

"比赛开始后，我就以百米的速度奋力地向第一个目标冲去，等到达第一个目标后，我又以同样的速度向第二个目标冲去。40 多千米的赛程，就被我分解成几个小目标轻松地跑完了。起初，我并不懂得这样的道理，我把我的目标定在 40 千米外终点线上的那面旗帜上，结果我跑到十几千米时就疲惫不堪了，因为我被前面那段遥远的路程吓倒了。"

点评：我们做事之所以会半途而废，原因往往不是目标难度较大，而是觉得成功离自己较远。所以，我们在制订目标的时候，应该把职业生涯的最终目标分解成一个个阶段性的目标，只要我们坚持下去，职业生涯的总目标就一定能够实现。

项目二 职业生涯设计与管理

随着高等职业教育的迅猛发展，职业技术院校在珠江三角洲地区大量创办，而广东高等职业院校的大幅扩招直接造成每年的高职毕业生数量大幅度上升。今后，高等职业院校的毕业生将同普通高等院校的毕业生，在竞争越来越激烈的就业市场上各显其能。那么，这些高等职业院校的毕业生的职业竞争力在哪里？生存状况如何？下面我们将介绍3位高职生的职业生涯。

案例分析

案例一

已经顺利拿到汽车维修工高级证、汽车维修工上岗证的广州某学院2004级汽车维修专业的毕业生胡××，终于要告别大学生活。当时他有4家公司可以选择：珠海市珠光汽车有限公司、北京现代广州分公司特约维修站、广州市高质汽车维修有限公司和江门的一家汽车修理厂。

经过再三考虑，胡××放弃了在广州工作的机会，选择了同珠海市珠光汽车有限公司签约。虽然珠海市珠光汽车有限公司是珠海汽车销售、维修行业中的"龙头老大"，但前3个月试用期的工资低于1000元。尽管如此，胡××并不为自己的选择感到后悔。同这家公司签约后，他先在销售某款车型的4S店里学习修理该车型的汽车，两个月后他开始在这家公司旗下的另一款车型维修站学习修理该车型的汽车。刚出校园不到半年的胡××，基本上懂得修理几种车型的汽车了。

对于未来的职业前景，胡××满怀乐观："虽然现在工资不高，但我相信，如果学到扎实、过硬的汽车修理技术，将来肯定会越来越好，三五年后，拿五六千元的月薪应该不成问题。"

点评：大学生应立足发展支点来规划职业生涯，以自身的进步作为导向。即使对所从事的职业不满意，薪酬也不理想，也应努力做好。对大学生来说，从中获取的经验和技能最为重要。这些收获让大学生增值，帮助大学生取得未来事业上的成功，使我们除了有物质上的收获外，还有精神上的收获，如荣誉、地位等。但是，这种职业修炼过程需要不断挑战自己的极限，鞭策自己向前迈进，可能会使人承受较大的工作压力。

案例二

小王是一所高等职业院校计算机专业的毕业生。他和同班5名男生一起，被学校就业办公室安排到东莞长安镇一家企业实习——对于高职毕业生来说，进入企业实习是就业工作中最重要的一步。不少高职毕业生就是通过学校安排的实习最终留在企业的。

但是不到两个月，小王和他的5名同学集体被“炒”，原因是这家企业发现这6名学生“无法制作出一份像样的表格，更不用说进行网页设计和编程”。

被迫回到学校后，小王和几位同学在就业办公室老师的多次推荐下，联系了几家企业。毕业5个月内，他已经换了3次工作：第一份工作是销售保健品；第二份工作是销售计算机硬件；第三份工作是在一家超市做店员。让他沮丧的是，自己干过的这3份工作的工资都没有超过1000元。

点评：职业方向、职业目标、职业兴趣、专业知识，都影响着大学生今后的实习和就业，方向比努力重要。因此，扎实的理论基础和专业课学习显得尤为重要，是今后大学生走向社会的基石。大学生的任务就是要学会学习、学会做人、学会做事。

案例三

小李是某职业技术学院管理专业毕业生，已经“跳槽”3次：临近毕业，他在学校就业办公室推荐下，进入一家物流公司做仓库管理员。在那里，他的月薪只有900元，每个月只有两天休息时间。由于工资低，又没有个人成长的空间，因此，不到5个月，他便离开了那家物流公司。

不久，他在一家外资保险公司做起了人寿保险代理人。但是，由于缺乏工作经验，加上在广州没有“关系”，小李在竞争激烈的保险行业中难以立足，不得不在3个月后再次“跳槽”，之后进入一家销售化学产品的贸易公司做业务员。

在小李曾经工作过的保险公司和现在工作的贸易公司，有不少同事像他一样，也是刚毕业的大学生。

点评：你究竟是一个什么样的人？你想降落在哪个“职业岛”上？这是每个大学生认识自己、了解自己的过程。有了目标、方向，就有了动力。大学之大，在于兼容并包、“有容乃大”。大学是一个舞台，为你提供展示的机会；大学是一面镜子，让你认识自己；大学是一所超市，让人各取所需；大学是一座金矿，等待着你去开采。

任务一　职业生涯设计的必要性

一、进行职业生涯设计是毕业生自身发展的需要

职业生涯设计是一个系统工程，主要取决于两个方面：一是社会发展的客观需要（社会职业现实的需要）；二是毕业生自身实际、自身发展的内在需要（根据动力、内在发展需要进行职业生涯规划）。也可以通过对个人的分析，认识自己、了解自己、评估自己，解读自己的职业性格，找出差距，明确奋斗方向，少走弯路，创建美好未来。还可

以在“衡外情，量己力”“知己知彼”的基础上，运用科学的发展观与方法论，采取切实可行的职业生涯措施，设计出符合自己特点而又合理的、可行的职业生涯发展方向，克服职业生涯发展中的困难，吸取成功毕业生的经验，珍惜机会，提早准备，实现职业目标。做好职业生涯规划，远离职场陷阱，同时开发自己的潜能，发挥个人的特长，实现职业目标。

案例分析

张××从某职业技术学院计算机专业毕业后被推荐到深圳市一家电子厂（全国 500 强企业）工作。入职后，张××连续 5 年被评为“先进个人”“优秀共产党员”“质量服务标兵”，被破格提升为人事科副科长、科长、某部门经理。

张××在职场为何发展得这样快，在如此短的时间内有如此骄人的成绩？原因在于入校时，她就树立了自己的职业理想，开始规划自己的职业生涯，所选专业是自己最热爱的又是当时最热门的专业。她潜心学习，苦练书法，热爱集体，遵章守纪，尤其养成良好的行为习惯，提高职业道德的修养，每学期成绩都位居全校前三名，颇受领导、老师器重，先后担任班长、团委组织部部长、学生会副主席。进入工厂后，她本来被安排到车间第一线，但由于她填写的个人推荐表、毕业生推荐花名册中的字体亮丽、刚劲有力，所学专业又是计算机专业，因此被留在人事科。工作时她总是兢兢业业、充满笑容，人事科的计算机全由她主动维护，因此她深得领导、同事的好评。厂领导暗示人事科长考察她，人事科长找出张××所犯的一个“问题”，罚她到后勤搞卫生、擦地板。经历 3 个月的劳动锻炼，张××无怨无悔，仍然兢兢业业、笑意盈盈，不久又被调回人事科，担任副科长、科长，现已是部门经理。张××并没有因此满足，她正沿着自己的职业规划向着更高的目标挺进。

点评：进入大学校园时，高职大学生就应树立自己的职业理想，进行职业生涯规划。这样，我们才会更加珍惜生活、努力学习，满足自身发展的需要，能经得起挫折，经得住时间的考验，成功实现我们的职业目标。

二、进行职业生涯设计是毕业生就业制度改革与发展的需要

随着社会主义市场经济体制的建立与完善，毕业生就业制度的改革与发展，“大学生就业难”“找理想的工作难”，越来越成为人们的“家常话”。大学生还未步入社会，就已备尝生活的艰辛。有一位大学生沮丧地说：“至少要发出 20 份简历才能找到一份工作，还不一定十分满意。”面对如此竞争激烈的求职市场，当今的毕业生如果不审时度势，看清市场需求，如果不认真规划自己的职业生涯，不努力提高自身的综合素质，弥补自身缺陷，树立新的就业观念，毕业时则会茫然，难于就业，难以适应时代发展的需要，更难于实现人生的价值。

资料

就业时专业是否对口的情况

毕业生在就业时，找到自己感兴趣，且专业对口的工作，使自己的职业生涯处于最佳状态，当然是最好的。

但专业不对口或不是很对口，是许多高校大学生必须面对的问题。据有关资料显示，至少有 50%的毕业生未从事与专业对口的工作。

如果是专业不对口但是自己愿意做的工作，那就认真做好本职工作，在自己的本职工作中做出成绩。

如果所做工作与自己的专业不对口，但自己对现在的职业感兴趣或能够培养兴趣，自己仍有发展空间，那么专业不对口也无所谓。

如果所做工作与自己的专业不对口，而且自己确实没有兴趣，也无法使自己对工作感兴趣，那就得静下心来认真分析自己的能力、爱好、特长、性格、气质等，再次给自己一个恰当的认知与定位，想清楚自己想干什么，能干什么，最后干什么。要找好工作再跳槽，千万不要盲从与冲动，不要因期望值过高而决策失误造成终身遗憾。

三、毕业生进行职业生涯设计是社会进步和职业发展变化的需要

如今即使从事部分农业劳动，也需要具备职业资格，即需要持有经过专业学习和专门技能训练的“绿色证书”。21 世纪，由于我国对产业结构进行了大力调整，机器自动化生产代替了手工业生产，各行各业的从业人员减少，下岗裁员的企事业单位越来越多，加剧了劳动力就业的新矛盾，“中国创造”急需一大批中高级创新型的现代技术人才、复合型人才。在深圳和成都，年薪 10 万元、20 万元招聘中高级技术人才的现象已常见。高级技工享受高待遇已成为现实，各种专业呈现相互交叉态势。广闻博记、博览群书，能重点掌握专业知识，学好政治、法律、管理、外交等课程，能利用多学科知识解决复杂问题的高素质人才将在人才市场上备受青睐。技能单一、知识陈旧、心理脆弱、目光短浅、不会学习、不求进步的低素质人员将随着社会进步和职业发展被淘汰。为此，毕业生应认真做好职业生涯规划，学会学习，在工作中不断充实自己，更新知识结构，随时准备迎接挑战。

案例分析

案例一

某职业技术学校机电专业学生、学生会组织部部长、共产党员张某，被推荐到某机械厂工作，由于他具有扎实的基本功与熟练的操作技能，在本厂技能操作比赛中胜出，不久就被任命为车间主任。张某并没有满足，而是认真学习管理知识。此时，由于产品

技术含量低、效能差，工厂面临倒闭。张某便辞去了车间主任的工作，学习驾驶技术，跻身于当时极有发展前景的出租行业，并贷款买了一辆出租汽车，收入颇丰。渐渐地，出租汽车市场出现了过剩现象，张某便又瞄准市场，抓住机遇，学习物流知识，组建了自己的物流公司，跟上了时代的节拍，大展职业宏图，努力耕耘，现在他已拥有百万元资产。

点评：现在各行各业都缺人才，然而缺的不是从事这个行业的一般人员，而是能为企业创造价值的人才。在做每件事的时候，要考虑你能做些什么，你是否尽力去做，你是否努力提高自己让自己做得更好。在商品社会，人才就是商品。强势品牌下的营销人员凭借的是品牌的光环，二线、三线品牌中，受家庭教育、社会阅历、个人素质等诸多方面的影响，一个强势的营销管理人员可以影响一个甚至多个客户，一个强势的团队则可影响整个市场。

案例二

下面是某职业技术学院计算机专业一年级的一位学生所做的未来 10 年内的职业生涯设计。

我是一名计算机网络专业的学生，面对当今竞争日益激烈的社会，想要过上优越的物质生活，就要有良好的资质证明自己的实力。只有这样，才能在社会上找到自己的立足点，找到自己的发展空间，否则，将被社会淘汰。社会不仅需要各级各类人才，还需要懂技术、动手能力强的人才，这就给予高职学生更多的机会。因为实际操作和技术应用是我们区别于其他学生的专长。机会是平等的，但终究有限。我相信机遇总是垂青那些有准备的人的。因此，我制订了自己的 10 年发展计划。

第一年：适应大学生活，熟悉大学环境，努力学习好各门功课，尤其是计算机和英语课，考取计算机一级证书，争取通过英语应用水平 B 级考试，本学期争取拿到奖学金。暑假考取机动车辆驾驶执照。

第二年：集中精力学好专业课。获得计算机二级证书，通过英语应用水平 A 级考试，获得英语口语证书。假期去企业实践，提高专业技能。

第三年：为就业做准备。获得计算机高级网络员职业资格证书。以就业为首要目标，同时准备升本或学一门专业，如软件设计等。

第四年：如果考上本科，继续深造；如果没有，一边学习另一门专业，一边找工作。

第五年：稳定工作。重点干好本职工作，继续学习，取得本科学历。在业余时间学会在网上开店。

第六年：积累更多的工作经验，并有一定的收入积累。收集资金投入方面的信息，做好投资准备。

第七至第九年：争取工作上获得提升，为获得更好的职业发展，继续学习深造，积累工作经验。

第十年：在资金允许的情况下自己创办企业，寻求更大发展。

点评：这份职业生涯设计首先对自己的专业进行定位，以年度为单位列出每年的奋斗目标，重点放在大学期间职业能力的准备上，重视专业资格证书，明确学习目标；大学期间的目标和求职目标较为清晰，长远目标较为概括，符合长远目标的发展规律，从而实现长远目标。

课堂互动

目的：学生进行自我反省，对自己的行为负责，从而澄清自己的价值观。

时间：60~80 分钟。

准备：小锤子、拍卖清单、1000 元现金。

操作：1）发给每人一张拍卖清单，其上写着：①豪宅；②巨富；③一张取之不尽、用之不竭的信用卡；④美貌贤惠的妻子或英俊博学的丈夫；⑤一门精湛的技艺；⑥一个小岛；⑦一所宏大的图书馆；⑧和你的情人浪迹天涯；⑨一个勤劳忠诚的仆人；⑩三五个知心朋友；⑪一份价值 50 万美元并每年可获得 25%纯利的股票；⑫名垂千史；⑬一张免费旅游世界的机票；⑭和家人共度周末；⑮直言不讳的勇敢和百折不挠的真诚。

2）象征性地发给每人 1000 元现金，代表一生的时间和精力。

3）将 15 项人生的美事和优良品质作为商品进行逐一拍卖，参加游戏活动的人员可以用自己手中的钱购买这些商品。100 元起拍，可以竞价。

职业生涯规划一般是按照规划的时间段进行划分的，包括短期规划、中期规划、长期规划和人生规划 4 种。

1）短期规划。短期规划指 2 年以内的职业生涯规划。规划目的主要是确定近期目标，制订近期应完成的计划。

2）中期规划。中期规划指 2～5 年的职业生涯规划。这是常用的一种职业生涯规划。

3）长期规划。长期规划指 5～10 年的职业生涯规划。规划目的是设定较长远的目标。

4）人生规划。人生规划指对整个职业生涯的规划，时间跨度可达 40 年左右。规划的目标是确定整个人生的发展方向。

在实际操作过程中，规划的时间年限如果太长，会因为个人和环境的变化而难以准确把握；如果太短，规划的意义和作用又难以完整体现。因此，比较理想的职业生涯规划是中期规划，其次是长期规划，既便于根据实际情况设定可行目标，又便于随时根据现实的反馈进行修正和调整。

案例分析

2010 年 3 月，“两会”落下帷幕，温总理身边的女翻译官张璐声名鹊起。有报道称，张璐的经历和表现给即将走上职场的大学生，尤其是致力于翻译事业的外语人才，上了生动的一课。

首先，“冰冻三尺非一日之寒”，张璐在总理答记者问现场的出色表现得益于平时的积累和专业的“魔鬼”训练。毕业于外交学院国际法学系的张璐，进入外交部之后，与其他同人接受了翻译方面的“魔鬼”训练，自己常常加班到凌晨两点，每天还要听BBC、VOA、CNN，做笔记，看《参考消息》《环球时报》等。因为总理妙语连珠、常引古诗词，作为总理的翻译必须依靠平日的苦学积累才能胜任，“功夫在平时”，张璐的表现正印证了这一点。

其次，张璐良好的心理素质也是大学生应学习的方面。要成为一个好翻译，稳定的心理素质必不可少。临危不乱，反应机敏，是口译的最高境界之一。

点评：职业目标明确，定位准确，才能在职场上立于不败之地。

任务二 时间管理活动

时间管理是个人管理的一部分，即有效地安排自己的工作计划，掌握重点，合理有效地利用工作时间。简而言之，时间管理的目标是掌握工作的重点，其本质是管理个人，是对自我的一种管理，方法是通过良好的计划和授权来完成这些工作。时间分配，就是当你注意今天的每一件工作时，就必须决定该花多少时间在这上面。

人最宝贵的两项资产，一项是头脑，另一项是时间。无论你做什么事情，即使不费脑子，也要花费时间。因此，管理时间的水平高低，会决定你的事业和生活的成败。管理好时间是非常重要的。如何根据自己的价值观和目标管理时间，是一项重要的技巧。它使你能控制生活、善用时间，朝自己的方向前进，而不致在忙乱中迷失方向。

时间多了，就需要自己安排时间、计划时间、管理时间。以下为几条如何管理时间的建议。

1. 不要被紧急奴役

事分轻重缓急，这里的“重”和“急”是不一样的。“准备明天的考试”是“急事”，而“培养自己的积极性”是“重要事”。人习惯先做最紧急的事，但往往因为这么做而致使重要的事被荒废。大部分紧急的事情其实是并不重要的，而许多重要的事情并不紧急。因此，不要把全部的时间都用来做那些看起来紧急的事情，一定要留一些时间做那些真正重要的事情，如打好知识基础、学习做人等。管理时间的一种方法是每天早上决定今天要做的紧急事和重要事，睡前回顾这一天是否做到了两者的平衡。

2. 将自己的事物明确区分开

分清楚“必须做”的事和“不必须做”的事，做到“足够好就好”的事和“足够好仍不够好”的事。“紧急事”“重要事”很多，把每件事都做到最好是不实际的。“足够好仍不够好”的事要做到最好，但是“足够好就好”的事尽力而为即可。建议你用良好的态度和胸怀接受那些你不能改变的事情，多关注那些你能够改变的事情。虽然提倡“追随我心”，但是在追随你的兴趣的同时，一定要把必须做的事做好。这是一种基本的责任心。

3. 将事物分段化

制订一个长期的蓝图，一步一步地向你的目标迈进，这样，你就能一步步地看到进展，就会更有动力、更自信地继续做下去。时间管理与目标设定、目标执行具有相辅相成的关系，时间管理与目标管理是不可分的。每个小目标的完成，会让你清楚地知道你与大目标的距离，你对每日的行动承诺是你的压力和激励，而且行动承诺必须结合你的长远目标。所以，要想有计划地工作和生活，需要你管理好自己的时间。

4. 学会节约时间

虽然每天的时间有限，但如果细心观察，节约点滴时间，就可以拥有比别人更多的时间。看电视、上网、玩游戏，这都会消耗大量时间，而且它们已经融入你每天的生活中，戒除很难，尽量缩短即可。面对诱惑一定要抵制住，将多余的时间用在能让自己不断提高的事情上。李开复在《给中国学生的第四封信》中曾提到：

“大学 4 年是最容易迷失方向的时期。大学生必须有自控的能力，让自己交些好朋友，学些好习惯，不要沉迷于对自己无益的习惯（如网络游戏）里。一位积极、主动的中国学生在‘开复学生网’上劝告其他同学：‘不要玩游戏，至少不要玩网络游戏。我所认识的专业水平比较高的大学朋友中没有一个玩网络游戏的。沉迷于网络游戏是对于现实的逃避，是不愿面对自己不足的一面。我认为，要脱离网络游戏，就得珍惜自己宝贵的大学时间，找到自己感兴趣的方向，做一些有意义并能给自己带来满足感的事情。’”

资料来源：李开复．给中国学生的第四封信：大学四年应是这样度过（下）[EB/OL]. http://blog.sina.com.cn/s/blog_475b3d56010000iy.html (2005-12-05).

一、时间管理策划

时间管理策划就是要求大学生合理分配自己的时间，下面对大学生时间分配的问题进行介绍。

1. 搞好学习

大学生应该以学习为主。搞好自己的学习是进行其他工作和娱乐的前提条件。

除了上课外，大学生还要上自习。大学生有很多课余时间，不能只用于玩游戏、上网聊天、逛街等。虽然不要求每个人拥有高中时的学习状态，但是每周进行一定时间的自习是必要的，“温故而知新”，这样才能更好地学习。

在大学生自己努力的同时，学校方面也应该加强管理。例如，很多学校实行统一上自习，这对自觉性不高的学生就是一项很好的约束措施。高校还应该多组织一些学术交流会、专业报告之类的活动，增加大学生的专业知识，使大学生能够更好地了解自己所学的专业，激发其对本专业的兴趣。

2. 适当娱乐

适当的娱乐能够缓解压力，使我们从枯燥的学习生活中走出来，得到全身心的放松。对许多大学生来说，娱乐占用了他们 80% 的时间，尤其是那些沉迷于网络的学生更应该认识到不能将大好的青春时光都浪费在这些无谓的事情上。

学校方面应该多组织一些像大学生艺术节、科技大赛之类的活动，使大学生的兴趣能够从网络游戏以及打牌喝酒中转移过来，使大学生的课余生活更加丰富多彩。

3. 加强运动

大学生缺乏运动，身体多处于“亚健康”状态，这些问题已经逐渐引起人们的注意。身体是革命的本钱。如果我们没有一个好的身体，又怎么可能成为祖国的接班人呢？建议大家增强体育锻炼。运动是一件需要长期坚持的事情。它需要大学生具有持之以恒的精神。建议大学生每天早起 1 个小时进行体育锻炼，可以采用经济、有效的方法，如跑步、打篮球或乒乓球等。

我们在调查中发现，学生认为学校的体育场馆应免费开放，学校应该增加一些体育设施。各个体育场也应该向大学生开放，或者在校园里设立健身房，为大学生进行体育锻炼提供更多的方便。总之，学校的体育设施和学生的积极参与都对大学生的体育锻炼产生了一定的影响。

4. 适当社会实践

适当的社会实践可以锻炼大学生的能力。当代大学生所需要的不仅仅是学习成绩，更重要的一部分是能力，包括工作能力、社交能力以及组织协调能力等。参加学校组织的或者社会上的活动可以很好地锻炼大学生的能力，为他们将来走向社会打下良好的基础。但是在工作的时候必须注意自己的身体。另外，不可荒废学习，要明白我们来这里的主要目的是学习知识，接受教育，如果本末倒置，则得不偿失。正确处理工作与学习的关系是大学生进行时间管理的重要组成部分。大学生无论是加入学生会、社团还是做兼职，都应该处理好它们与学习的关系，一切都应该以搞好自己的学习为基础。

5. 抓住零碎时间

有些学生认为学习需要某个环境，却忽视了身边很多可以利用的零碎时间。每天清晨起床时可以背几个外语单词，去教室的路上可以听英语，课间可以阅读时事新闻，午休前可以阅读一些课外书籍，晚上睡觉前可以回忆整理一天学习的内容、思考知识之间的联系等。并且不管学习多么有效率，总是会有让你等待的事（如等车），在这种情况下我们可以做的事是看书、写东西、修改报告、检查邮件、打电话、思考问题。只要你善于利用这些零碎的时间，你将会收获许多意外的惊喜。

6. 合理利用寒暑假

寒假和暑假时间加起来近3个月，如果大学生能对此加以充分地利用，那对于自身的发展将产生巨大的影响。有的学生下乡，体验社会生活；有的同学打工，增加社会经验；有的学生参加培训，增加职业技能；有的同学读书，丰富自己的知识等。不过做任何事情，都要参照你的职业目标，有的放矢，集中力量，既学习了知识，丰富了经验，又提升了自己的职业技能。

二、时间管理应注意的问题

每个人都要学会管理自己的时间，充分利用那些零碎的时间。你可以做的是，降低自己被打扰的概率，减少那些所谓紧急的事情，这样你才有自己的时间做重要的事，而这对时间管理是很重要的。

浪费时间是可耻的。让每一分钟都过得充实而有意义是珍惜时间的表现，提高效率更能使时间创造双倍的价值。但是，一些人易走极端，总以为珍惜时间就是把每一分、每一秒都用于工作上，结果往往适得其反。因此我们应珍惜时间，但不要走入时间管理的误区。

（一）应合理制订计划并付诸行动

有些人时时制订计划、事事制订计划。他们的生活是在计划中进行的，习惯将每项计划都制订得特别精确细致，唯恐出现一点儿失误，这种人是典型的完美主义者，做事追求尽善尽美。

制订计划是为了更加充分有效地利用时间，若制订计划时过于强调这一目的，将自己的日程表安排得满满的，不留下一点儿应付意外事件的缓冲时间，一旦事情发生变化，则往往使人措手不及。因此，制订计划时应留有缓冲时间。

一般而言，他们总以计划为工作的主要内容，却忘记了行动，以为事情只要计划得好即可，却不知道行动才是实现目标的关键。要知道，计划占据了他们过多的时间，所以留给行动的时间十分有限，要想成功不是一件容易的事情。

在这个时候，你需要平静自己的心情、稳定自己的情绪，让大脑冷静下来，经过客观冷静地分析判断之后，再采取有节有度的行动。只有这样，才能既保证速度又保证质量。

（二）不求急但求稳

急性子的人盼着事情马上就能做好，所以他们总是表现出急躁愁苦的表情，哪怕只是一件小事情，他们也总是焦急万分，唯恐事情办不好或时间不够用。因担心延误时间，耽误了许多应该做的事情，反而浪费了时间。

人们想节省时间的出发点是正确的，因为事情紧急所以应该加快步伐。但是因为人们过于着急，使情绪压抑了理智。大脑因为过于急躁紧张而不能冷静地分析问题，找到解决问题的办法，对于整个工作的计划往往还没有考虑周全就开始了行动，所以做起事来总是顾此失彼。

即使计划在事前已经准备周全，但在行动时人们却因心急如焚而将计划弃之不顾，或不完全按照计划进行，认为能马上做一些事情就做一些事情，却没想到因为着急把全局搞得一团糟。同时，在具体行动时，往往丢三落四。做事情时，不讲求质量，以完成任务为目的，根本就不考虑后果。

有紧急意识并不是错，关键是不能只因着急就急于求成。急可以让大脑活动得快一些，但过于着急会使头脑无法正常运转。

（三）不要无事瞎忙、有事乱忙

无事瞎忙的人往往就是那些生活没有明确目的的人，他们还有一个特征就是脾气急躁。因为没有明确的生活目的或奋斗目标，所以他们不知哪些事情该做，哪些事情不该做。但和什么事也不做的人相比，至少他还有不浪费时间、不虚度光阴的意识。只是，应该静下心为自己设定明确的生活目标，这样才不至于一事无成。

对于那些有事乱忙的人来讲，他们只知道该忙些什么，但是不知道该怎么忙，应该先做什么后做什么。他们只是把认为该做的事情搅到一起，结果把事情弄得一团糟，毫无头绪可言。

他们就属于没有计划的人，在没有制订好计划的条件下，因为急于求成，所以盲目地开始行动。结果，这种无顺序、欠计划的行动把事情越搞越乱、越乱越糟，想成功就更困难了。

三、大学生进行时间管理的必要性和重要性

对大多数大学生而言，大学也许是他们最后一次接受系统教育的机会，最后一次可以将大段时间用于学习的人生阶段，最后一段可以集中精力充实自我的成长历程，以及最后一段能在相对宽容的理想环境中学习为人处世之道的机会。因此，在作为人生关键

阶段的大学时期，大学生应当认真把握每一个“第一次”，让他们成为自己未来人生道路上的基石；也要珍惜每一个“最后一次”，不要让自己将来追悔莫及。那么，时间管理对于新时期的大学生来说就显得格外重要。

1. 大学生进行时间管理的必要性

1）大学生在生活中普遍存在浪费时间的现象。

2）大学生对时间管理的计划性和监控性比较差。

3）大学生对时间管理的效率有待进一步提高。

某大学生的毕业感言：

其一，没事睡觉，浪费时间；

其二，沉迷网络，打网络游戏，浪费时间；

其三，和同学打牌，浪费时间；

其四，没事发呆，浪费时间；

其五，花太多时间学习无关课程，浪费时间。

2. 大学生进行时间管理的重要性

1）不良的时间管理行为会成为大学生心理压力的来源。沃尔特等人的研究发现，不良的时间管理行为（如不能正确、合理地分配时间，考试前“临时抱佛脚”等），是大学生心理压力和学业成绩不理想的来源之一。时间管理行为的运用可以有效地缓解时间压力，帮助大学生提高学业成绩。

2）不良的时间管理行为会给大学生带来消极的情绪体验。

3）时间管理可以培养大学生的自我管理能力，提升大学生的综合竞争力。大学生实行时间管理，不但可以充分体验到时间的价值，满足自我调适的需要，还可以发掘自我潜能，培养自身的应变能力，提升自身应对竞争的能力，学会运用科学的方法制订可行的步骤与措施，增强发展的目的性与计划性，进而增加成功的概率。

四、探索正确的时间管理的方法

一个人是否能取得成功，取决于他的态度和思维方法，态度决定行动，思维方法决定方向，就是说一个人朝着正确的方向行动就可能获得成功，也就是说有效的行动和正确的思维方法是成功的保障。如果想要成功，管理时间是一个很重要、很关键的因素，一个人的成就和时间管理得好坏是成正比的。时间是可以掌控的，做好时间管理可以从以下几个方面进行。

1）要有明确的方向（目标）。如果你没有明确的方向，是无法管理时间的；要有好的习惯，如不乱放东西、勤奋、办事不拖拉等，这是高效利用时间的行为。所以进行时间管理的第一步是要有目标和好的习惯。

2）要明确时间管理的目的。时间管理的目的：通过最短的时间，实现要达成的更多目标，以求时间利用的最大化；平衡好多项事情（或多个方面），也就是提高时间利用的质量，保障各项事情做得顺畅，以求达到多赢的效果。

3）必须制订一个明确的个人计划，这是根据目标制订的，也就是必须把每年、每学期、每月、每天、每小时所要做的每一件事情都列出来。从这个意义上讲，时间管理可分为以年为单位的时间管理、以学期为单位的时间管理、以月为单位的时间管理、以天为单位的时间管理和以小时为单位的时间管理，这些时间管理的制订是由粗到细的，在时间上是由长到短的，如以天为单位的时间管理你可以只做一周的或一天的。

4）修改计划。在一些特定的情况下，计划是需要依据客观情况进行调整的。适时做好计划的调整也是有原则的，计划修改的原则是刷新和升级，不能降低原来的标准，不能改变原有的目标，否则只会使时间变得更紧迫。你在经过反复思考，与自己所信任的朋友商定后，确认你原有的目标确实不切合实际，是盲目制订的，这时可以考虑重新制订计划，以新的、更切合实际的计划代替原来的计划，而且这个新的计划是不可再反复的；当你遇到你所达到的目标比预期计划的好时，如果再做下去会存在很大的困难，经过反复认证后确实如此，这时改变计划也不失为一种明智的选择。

5）做事要有技巧，把事情分出轻重缓急、有主有次，按照一定规律和顺序完成。首先，确定优先次序，从最重要的事情开始做起，重要紧急的事马上做；其次，做重要而不紧急的事；再次，对于紧急但不重要的事，要学会放弃；最后对于不重要也不紧急的事，尽量不去做。在所要做的事情中，先做最有价值的事情。人的价值一般是通过他所做的事情的价值体现出来的。

6）每天给自己留下一段不被干扰的时间，专心做自己的事，思考自己该做的事情，这段时间应该是质量最好的时间，一般以早上起床后的时间为最好，因为这时头脑是最清醒、最清静的，容易把事情想好、办好、想全、办全，这样的时间安排是比较合理的，因此养成每天早起床的习惯对学习的帮助也是很大的。

7）要用个人的价值观来决定自己的目标，把主要的时间和精力放在最重要的事情上，适当兼顾他人的要求，要让自己周围的环境更加和谐，也让自己处在与自己价值观相同或相近的人群中，这样才能保持较好的情绪，做起事来效率才会高。

8）对于任何事情，争取一开始就要做好。能一次做完的事情一定要一次做完，绝不拖拉，重复和反复做同一件事情是很浪费时间的，也就是说 2 个小时的事情，一次用 2 个小时做完和分两次各做 1 个小时是不一样的，要有时间成本的概念。

9）改掉不果断、办事拖拉的不良习惯，你还必须控制打电话时间、控制上网时间，在一定程度上也能够节省时间。

10）学会向知名人士、专业内的顶尖人士及师长、学长学习，学习和吸取他们成功的经验和失败的教训，记下值得自己学习的地方，过滤不适合自己的方面，这也是一种节省时间的学习方法。

任务三　学习管理活动

一、调研大学的学习领域

上大学最主要的目的是学习，作为一名大学生一定要了解大学的学习领域。

1. 课堂学习

大学的课程分为专业课、通识课，也可以分为必修课和选修课。专业课是最重要的，要把这个专业学精、学好，毕业后才能找到好工作。通识课，是大学生都要学习的，这是基本的课程。

必修课一般排在课表中，大学生按照课表上好每一节课即可；选修课是需要大学生选择的，在选课时，大学生一定要选择自己感兴趣的课程，否则，上课时没有兴趣，还是修不好。因为，在大学修够学分才可以毕业。所以，应学好这些课程。

2. 课程外的学习

在大学，你可以利用课余时间做很多事情。可以到图书馆研读或浏览和本专业相关的书籍和前沿的知识，这一点很重要。千万不能只读课本，否则，你的知识面较狭隘。

图书馆是一个非常适合学习的地方，如果你不想学习，就去图书馆，在那种环境下你会不由自主地跟着其他同学学习。

3. 院系活动学习

活到老，学到老，处处留心皆学问。多参加院系的活动，在活动中学习，在活动中成长，对一个人的茁壮成长是很有帮助的。在参加“科学技术技能大赛”“PPT 大赛”“大学生职业规划大赛”等活动中，你可能会遇到各种各样的麻烦，见识各种各样的场合，挑战各种各样的难题，当你克服了这些困难而获得了成功，说明你成长了。参加一次活动可能比你学习一周还有效率。当然，学习是为了提升你的厚度，是为你参加活动打基础的，所以，学习是基础，是重中之重。

4. 为人处世学习

为人处世是一门大学问。“世事洞明皆学问，人情练达即文章”，在大学不仅要学习课本知识，更要学习人生这本大书。小到父母关系、宿舍关系，大到同班同学关系、校友关系、社会关系，这些都需要我们好好学习、谨慎处理。真诚待人、恪守诚信、保留意见、取长补短、善于倾听、学会表达、宽容大度等是为人处世的基本原则，需要践行在实际行动中。

问卷调查

大学生学习生活管理现状

这是一项关于大学生学习生活管理现状的调查，请您用几分钟填答这份问卷，题目选项无对错之分，一定要按自己的实际情况填写。谢谢您的合作。

1. 您的性别:

A. 男　B. 女

2. 您的专业:

A. 文科类　B. 理科类　C. 艺术类

3. 您的年级:

A. 大一　B. 大二　C. 大三　D. 大四

4. 您所在学校是否开设有公共课?

A. 有　B. 没有

5. 您认为学校公开课的开设有无必要?

A. 有　B. 没有

6. 您是否进行过公开课的选课?

A. 有　B. 没有

7. 您是否进行过跨专业选课?

A. 是　B. 否

8. 您认为跨专业选课对您的学习有何影响?

A. 积极的影响　B. 消极的影响　C. 无影响

9. 您认为跨专业选课有无必要?

A. 有　B. 无

10. 您选修其他专业的课程的上课频率:

A. 每节课都去　B. 经常去上课　C. 偶尔去上课

D. 基本不去上课　E. 从来没去过

11. 您选修其他专业课程的具体上课情况:

A. 认真听讲、做好笔记并认真完成老师布置的作业

B. 一边听课，一边学习其他的

C. 不听课（听音乐、聊天或者睡觉）

12. 对于书籍的阅读，您是否进行过跨专业的阅读?

A. 是　B. 否

13. 您阅读过几本/篇其他专业的书籍/著作?

A. 1~2　B. 3~4　C. 5~6

D. 7~8　　　　　E. 更多

14. 您认为阅读与您专业不同的书籍/著作，对您的学习和生活有什么影响？

A. 对学习有积极影响

B. 对学习有消极影响

C. 对学习无帮助

15. 您对于跨专业选课有什么合理性建议？

____

16. 您对于其他专业书籍的阅读有何建议？

____

二、分析大学的学习特点

如果说中学着重开发学生的智慧潜能，那么大学则强调培养学生的智慧行为，也即培养学生运用各种基本知识解决复杂问题的能力。

1. 大学学习具有主动性

大学学习与中学学习截然不同的特点是依赖性减少，代之以主动自觉地学习。大学教育的内容是既传授基础知识，又传授专业知识，教育的专业性很强，还要介绍本专业、本行业的前沿知识和技术发展状况。知识的深度和广度比中学大为扩展。课堂教学往往只是提纲挈领式的，教师在课堂上只讲难点、疑点、重点或者是教师感觉有心得的一部分，其余部分就要由学生自己攻读、理解、掌握。大部分时间是留给学生自学的。因此，如何培养和提高大学生的自学能力就显得尤为重要。大学的学习不能像中学那样完全依赖教师的计划和安排，学生不能只单纯地接受课堂上的教学内容，而是必须充分发挥主观能动性，发挥自己在学习中的潜力。这种充分体现自主性的学习方式，将贯穿于大学学习的全过程，并反映在大学生活的各个方面，如学习的自主安排、学习内容和学习方法的自主选择等。

自学能力的培养，是适应大学学习自主性特点的一个重要方面，每个大学生都要养成自学的习惯。正如钱伟长教授所说：一个人在大学“能不能养成自学的习惯，学会自学的习惯，不但在很大程度上决定了他能否学好大学的课程，把知识真正学通、学活，而且影响到大学毕业以后，能否不断地吸收新的知识，进行创造性的工作，为国家做出更大的贡献”。当今社会，知识更新越来越快，三年左右的时间人类的知识量就会翻一番，不会自学或未能养成自学的习惯，不会更新知识是不行的。

在学习方法的选择上，大学生更应发挥主动性。一般来说，大学生学习活动的主要形式有四种：按教育大纲规定的课堂学习活动，补充课堂学习的自学活动，独立钻研的创造性活动，相互讨论、相互启发的学习活动。大学生在各种不同的学习形式中都要发挥学习的自主性，可根据自己的情况，选择适合自己的最有效的学习方法。大学生不应再死记硬背老师所讲的内容，而是应按照自己的学习目标和专业要求，选择、吸收有用的知识。在方法上要自主选择，靠自己理解和消化所学的知识。

2. 大学学习是专业性与综合性相结合的学习

大学教育具有明显的专业性特点。从报考大学的那一刻起，专业方向的选择就提到了考生面前，被录取上了大学，专业方向就已经确定了。大学学习的内容都是围绕着这一大方向来安排的。大学的学习实际上是一种高层次的专业学习，这种专业性是随着社会对本专业要求的变化和发展而不断深入的，知识不断更新，知识面也越来越宽。为适应当代科技发展的既高度分化又高度综合的特点，这种专业性通常只能是一个大致的方向，而更具体、更细致的专业目标是在大学四年的学习过程中或是在将来走向社会后，才能最终确定。因此，大学在进行专业教育的同时，还要兼顾适应科技发展特点和社会对人才综合性知识要求的特点，尽可能扩大综合性，以增强大学生毕业后对社会工作的适应性。一般来讲，专业对口是相对的，不可能达到专业完全对口，这样，在大学期间除了要学好专业知识外，还应根据自己的能力、兴趣和爱好，选修或自学其他课程，扩大自己的知识面，为毕业后更好地适应工作打下良好的基础。既要热爱本专业，又不可囿于狭窄的专业范围之内，要注意学习专业以外的知识。当今科学发展的最重要的方式就是知识的交叉和嫁接。日本诺贝尔化学奖得主福井谦一先生说过："知识就像植物的根，说不准在哪里会交错在一起，形成新的增长点。"所以，不仅理工科类学生要广泛涉猎人文知识，经管文法类学生也应广泛阅读一些科普性的自然科学知识和自然科学史，宽厚的知识铺垫是一个学者获得广阔的发展空间的必要保证。但需注意的是要在"专""泛"之间保持必要的张力，既不可太专，也不可太泛。

3. 大学学习注重全面发展和能力培养

我国教育历来都强调德、识、才、学、体 5 个方面的全面发展，或简称为德才兼备。人才的 5 个要素是一个统一的有机体，5 个方面与人才的成长互相促进、互相制约，缺一不可。能力的培养是现代社会对大学教育提出的一个重要任务。获取知识和培养能力是人才成长的两个基本方面，两者既相辅相成，又对立统一。广博的知识积累是培养和发挥能力的基础，而良好的能力又可以促进大学生对新知识的掌握程度。人才的根本标志不在于积累了多少知识，而是看其是否具有利用知识进行创造的能力。创造能力体现了识、才、学等智能结构中诸要素的综合运用，大学生要想学有所成，将来在工作中有所发明、有所创造，对人类社会的进步有所贡献，就必须注意对各种能力的培养，如科学研究能力、发明创造能力、捕捉信息能力、组织管理能力、社会活动能力、仪器设备操作能力、语言文字表达能力等。

在当今世界激烈的竞争中，根本的是高科技竞争，而高科技竞争则主要表现在人才的培养和能力的发挥上。大学教育从某种意义上讲，正是培养有知识、有能力的高科技人才的重要环节。这就要求大学生在校学习期间，必须在全面掌握专业知识和其他有关知识的基础上，加强专业技能的培养和智力的开发，在学习书本知识的过程中重视教学实践环节的锻炼和学习。要认真搞好专业实习和毕业论文（毕业设计），积极参加各类社会调查和生产实践活动（如大学生暑期社会调查、创业计划大赛、挑战杯大赛、科技法律管理咨询、家教等），通过大量的社会实践活动，更多地接触社会、了解社会、发现问题，并努力运用现代科学知识和手段解决实际问题。这样，既可以改变在学习中存在的理论脱离实际等不良倾向，还可以不断激发大学生学习的兴趣。

问卷调查

关于大学生网络学习资源利用状况问卷调查

随着网络技术的发展与普及，网络作为一把双刃剑，它既为大学生提供了大量的信息资源，帮助大学生学习，丰富生活，推动树立开放的创新精神，也使大学生盲目西化，价值观念和思想道德意识混乱，甚至迷恋网络游戏而影响学业，对大学生的日常学习产生的影响在日益增大。这份问卷调查表旨在了解大学生的一些情况和看法，不对个人做任何鉴定和评分，可以不填写姓名，仅为科学研究所用，希望大家认真填写，谢谢您的合作。

客观题的备选答案已经给出，只要求您在所选答案字母下画对勾即可，并将这一答案的序号写在相应的题目后面。

1. 您的性别:

A. 男　　B. 女

2. 您所在年级:

A. 大一　　B. 大二　　C. 大三　　D. 大四

3. 您上网的频率:

A. 每天都上网，几乎成为网迷　　B. 每天都上网，偶尔通宵

C. 经常上网，但从未包过宿　　D. 很想上网，但无条件

E. 对上网无所谓

4. 您上网的地点:

A. 学校的计算机设施　　B. 网吧

C. 宿舍　　D. 家中

5. 你上网的主要目的（可多选）:

A. 查找学习资料　　B. 发送电子邮件

C. 娱乐与游戏　　D. 聊天

E. 其他

6. 您月消费多少？

A. 400 元以下　　B. 400 元以上

7. 您每天用于学习的上网时间约是________。
8. 您认为网络上的学习资源是一种什么现状？
A. 网上有学习资源，但辅助专业课程学习使用得不多
B. 网上可直接利用的专业学习资源很丰富
C. 网上可利用的专业学习资源很少
9. 您的学校是否有校园网？
A. 有　　B. 没有
10.（根据第 7 题作答）您的学校校园网上学习资源如何？
A. 很丰富　　B. 几乎没有
C. 可能有，也可能没有，我没有注意过
11. 您的老师是否指导过同学们进行网络学习？
A. 系统而科学地指导过　　B. 简单指导过
C. 提到过　　D. 没有指导过
12. 您获取网络学习资源的途径有哪些？
A. 学校网络数据库　　B. 搜索引擎
C. 论坛　　D. 经常去的网站
13. 您在网络上能查询到多少您所需要的学习资源？
A. 20%以下　　B. 20%～50%　　C. 50%～80%　　D. 80%以上
14. 您为什么选择网络获取学习资源？
A. 便捷　　B. 信息量大　　C. 有趣　　D. 其他
15. 如果条件允许，您是否会通过网络来选修某些公共课程？
A. 肯定会　　B. 会　　C. 看情况　　D. 不会
16. 您希望网络为您提供什么样的资源？（多选）
A. 提供拓宽视野的资源
B. 提供就业培训的相关资源
C. 提供专业课程辅导资源
D. 下载其他学校的优秀教学资源
E. 希望网络提供教师上课的教案讲义
17. 您觉得什么影响了大学生网络学习？（多选）
A. 网上信息过杂　　B. 网上干扰性信息过多
C. 缺乏使用网络的技能技巧　　D. 使用网络不方便
E. 自己需要的资源网上没有　　F. 所需要的网上资源要收费
G. 对身体有负面影响　　H. 没有专门的学习网站
I. 其他

非常感谢您的合作，谢谢！

三、寻找培养自主学习能力的方法

大学生应具有多种能力，包括自主学习的能力。然而现在的学生由于受应试教育的影响，在大脑中“听教师讲、被动学”的思维习惯还根深蒂固。以教师为中心设计问题、提出问题，被动地指向性地回答问题，如此使学习能力得不到提升。具体表现为老师没有提问时等待教师提问，回答了提问还要等待教师鉴别回答正确与否，致使思维缺乏自主性和创造性，自主学习的能力比较薄弱。培养和锻炼自主学习能力有以下两种方法。

（一）培养学习兴趣的方法

学习兴趣是学习积极性中很现实、很活跃的心理成分，它在学习活动中起着十分重要的作用。有了学习兴趣，在学习过程中就会灌注全部热情，兴致勃勃，甚至会达到对所学知识迷恋不舍的地步。否则，就可能只是形式地、勉强地为了考试分数而学习。例如，大学生初学英语，会感到很困难，坚持学习，只是因为他认识到学习英语的重要，但对英语本身并不感兴趣，这时他主要依靠意志来完成学习任务。而如果他经过努力学习，掌握了英语的某些知识，取得了一定的成绩，逐步对英语本身感兴趣了，这时他不再以学习英语为苦，而以学习英语为乐。只有在这时，才能把学习的积极性和主动性更好地结合起来。

（二）体验学习的成就感的途径

1. 大胆积极地展示自我

积极地参加课外活动，通过活动把所学知识运用于实际，在运用中实现自我，增强自己自信心的同时也能调动学习的兴趣。就如英语方面，参加学校的每周一次的英语广播，不仅可以增加英语词汇量、开阔视野，还能体验做小主持人的成功喜悦；或者帮助班级做英语手抄报，既可以巩固知识要点、归纳词语用法和语法知识、解决疑难问题、熟悉英美风情，还可适当刊登英语美文、小诗歌、谜语、趣闻等，让其他同学看到自己文艺的一面；也可以参加英语竞赛，展现自己的敏捷反应力和口才，增强自信，表达自我。

2. 设立自己的学习目标

学习目标要适当，不能太遥远以致难以达到。当你经过适当的努力，看到自己的成绩有所提高，达到预期的目标时，就能体验到学习的乐趣，就会感到自信和积极，增强学习的主动性，也可以刺激自己的求知欲。

心理学认为：一个人只要体验一次成功的喜悦，便会激起无休止的追求意念和力量。反复成功可以促使人产生一种内驱力——渴求学习，可以使人在积极、愉快的情感支配下，让自己的学习兴趣增进一步，更加主动地学习，促进自身的发展。所以这是一个良性循环的过程，希望大学生能够品尝到自主学习带来的成功的甜美滋味。

任务四 情绪管理活动

一、调节情绪的步骤

我们可以做一个试验：如果你做出一个微笑的动作，那么你立即会感到增加了几分愉悦。心理学的研究表明，情绪可以影响人的行为，而行为反过来也可以影响人的情绪。情绪是不可能被完全消灭的，但可以进行有效疏导、有效管理、适度控制。我们可以通过以下几个步骤来实施。

1. 觉察情绪

要管理情绪，首先要能觉察到情绪。例如，你上山打老虎，如果你不知道老虎长什么模样，可能你打到一只兔子还会说打着老虎了。所以，情绪管理第一步就是要能觉察自己的情绪是什么，如愤怒、焦虑、忧伤、委屈、失落等。

2. 接纳正常的情绪

健康情绪不是指人时刻处于阳光状态，而是所表现出的情绪应与所遇到的事件呈现出一致性。如果考试成绩不理想，那么失落就是正常的；如果遇到可怕的东西，感到恐惧是正常的；如果亲人离世，感到悲伤是正常的；如果被误会，愤怒和委屈是正常的。所以，当情绪体验符合客观事件时，第一时间暗示自己：我现在的情绪是正常的。这样，情绪张力就会下降，内心自然恢复平静。很多时候人的痛苦并不是来源于情绪本身，而是来源于对情绪的抵触。

3. 表达情绪

我们表达情绪时大部分时候是通过发泄，伤己伤人，妨碍沟通。例如，当你等朋友很久而他却失约时，如果我们说“你这人怎么这样啊，磨磨蹭蹭”“你真是太不像话了，言而无信”，这样的表达一般趋向于批评、指责对方，主语是“你”，会导致愤怒升级，无法沟通，加剧矛盾，甚至导致关系破裂。因此，我们可以调整成“你怎么没有来，我很担心你”等表达方式，会使同伴觉得抱歉。

4. 宣泄情绪

1）转移。将注意力转移到愉快的事情上。

2）分离。分散你的烦恼，把它们各个击破。不要把这个烦恼与其他烦恼联系起来，也不要自寻烦恼，人为地将其放大。针对具体的烦恼，应具体解决，不要算总账。

3）弱化。减弱你的烦恼，对于非原则性的刺激，我们必须学会紧紧地把住闸门，尽可能不听、不看、不感觉，不让它输入。如果输入了，就尽可能不联想、不思考、不记忆。

4）体谅。生气，是因为别人的过错而惩罚自己。原谅别人也就是原谅自己，推己及人，将心比心。

5）解脱。就是换一个角度看问题。从更深、更广、更高、更长远的角度来看待问题，对它做出新的理解，以求跳出原有的局限，使自己的精神获得解脱，以便把自己的精力转移到自己所追求的目标上。例如，“塞翁失马，焉知非福”就是经典的解脱思维。

6）升华。利用强烈的情绪冲动，并把它引导到积极的、有益的方向上，使之具有建设性的意义和价值。

7）抵消。寻求另外一种刺激。例如，隔壁邻居将音乐开得声音很大，使自己心烦意乱，使用前面的方法无效时，不妨打开音响，播放自己喜欢的音乐。

8）利用。把坏事变成好事。一是利用时机和客观条件；二是利用情绪本身，把情绪升华成力量。

9）表达，书写，谈心。随着对情绪的有效管理和利用，人就会越来越自由，越来越潇洒。树欲静而风不止，真正的自由就是表现在树根的坚定、树干的力度和树枝的飘摇自如，三者和谐统一。

案例分析

案例一

从前，在一个水池里，住着一只有着坏脾气的乌龟，他和来这里喝水的两只大雁成了好朋友。有一年，天旱了，池水干涸了，乌龟决定搬家，它想和大雁一起去南方生活。但它不会飞，于是两只大雁让乌龟咬着一枝树枝的中间，大雁各执一端并嘱咐乌龟不要说话，就动身高飞了。他们飞过翠绿的田野，飞过蔚蓝的湖泊。地上的孩子们看见，觉得这个组合很有趣，拍手笑起来：“你们看呀，那只乌龟很滑稽啊。”乌龟本来得意扬扬，听到嘲笑后大怒，就想开口责骂他们。口一张开，乌龟就跌下来摔死了。大雁叹气说：“有坏脾气是多么不好呀！”

点评：由此看来，拥有好脾气是多么重要。它能使我们保持良好的心情，友善对待他人，结交更多的朋友。

案例二

有一个男孩很任性，常常对别人发脾气。一天，他的父亲给了他一袋钉子，并告诉他：“你每次发脾气时，就在后院的围墙上钉一颗钉子。”

第一天，这个男孩发了 37 次脾气，所以他钉下了 37 颗钉子，慢慢地，男孩发现控制自己的脾气要比钉下一颗钉子容易，所以，他每天发脾气的次数就一点点地减少了。终于有一天，这个男孩能够控制自己的情绪了，不再乱发脾气。

父亲告诉他："从现在起，每次你忍住不发脾气的时候，就拔出一颗钉子。"过了许多天，男孩终于将所有的钉子都拔了出来。

父亲拉着他的手，来到后院的围墙前，说："孩子，你做得很好，但是现在看看这个布满小洞的围墙吧，它再也不可能恢复到以前的样子了，你生气时说的伤害别人的话，也会像钉子一样在别人心里留下伤口，不管你事后说了多少'对不起'，那些伤痕都会永远存在。"

点评：藏在内心的不良情绪在生活中时时涌现，情绪不好，一个人就在心理力量上被解除了武装，甚至自己的情绪会伤害别人。

二、大学生情绪调节的方法

在日常的生活学习以及与他人交往的过程中有以下几种情绪调节的方法。

1. 理智调节

决定情绪的是人的认知。人受困扰，不是由于发生的事实，而是由于对事实的观念。当产生消极情绪时，要能冷静地、理智地分析自己对事物的认识是否正确，考虑消极情绪带来的后果。如果能主动地调整自己的看法和态度，纠正认识上的偏差，用理智控制不良情绪，就可使不良情绪减弱或消除。例如，有的同学当众给你提了许多意见，使你感到非常恼火。但事后理智地想想同学为什么给自己提意见，是有意让自己难堪，还是出于真诚地关心和帮助自己？所提的意见是否有道理？这样理智地思考一番，愤怒的情绪就会自然而然地平息下来。

2. 转移调节

转移调节就是根据自我要求，有意识地把自己已有的情绪转移到另一方面，使情绪得以缓解。例如，特别生气时就去操场上跑几圈，当累得满头大汗、气喘吁吁时，就会感到精疲力竭。但情绪基本就会平静下来，郁积的怒气也会消失一大半。因此，当产生消极的情感时，可通过转移话题或做别的事情的方法来分散注意力，如聊天、下棋，或听音乐、打球、观赏自然景物等。用愉快的活动占据自己的时间，用时间的推移来逐步淡化心里的烦恼，用积极的情绪来抵消消极的情绪。

3. 宣泄调节

合理发泄情绪，是指在适当的场合，采取适当的方法，排解心中的不良情绪。方法有多种，如倾诉、哭泣、高喊等。适度的宣泄可以把不快的情绪释放出来，使波动情绪趋于平静。当心中有烦恼和忧虑时，可找老师、同学、父母兄妹诉说，也可用写日记的方式进行倾诉；当受委屈、遭遇挫折或遇到伤心事产生不平、沮丧、悲哀的情绪时，可在独处时或在亲朋好友面前大哭一场，以消除压抑的情绪；当对某一特殊事物产生不满、厌恶的情绪时，可用"喊叫疗法"来发泄烦恼，宁心息怒。不过，情绪的宣泄要有节制，要注意方式方法和时间场合，尽量不影响别人，不损害自己，否则会带来新的情绪困扰。当你的情绪极度低落时，越不愿参加活动，情绪就越低落。而情绪越低落，又越不愿意参加活动。这样就形成了恶性循环，使不良情绪加重。如果参加一些适当有益的活动，或跑步、打球、干体力活、唱歌、跳舞，就可以使郁积的怒气和不良情绪得到发泄，这样，原本十分低落的情绪就可以得到调节。

4. 暗示调节

暗示是通过语言的刺激来纠正或改变人们的某种行动状态或情绪状态，分为自我暗示和他人暗示两种。自我暗示是指有意识地将某种观念暗示给自己，从而对情绪和行为产生影响。这里所讲的暗示调节主要指自我暗示。例如，当你走进考场，产生恐惧心理时，可自我默念“我的心态很平和”“胆要大，心要细”等，以此来消除恐惧心理；当你要发怒时，就告诉自己“不要发怒，发怒有害无益”；当你陷入忧愁时，可反复用言语暗示自己：“忧愁于事无补，还是振作起来面对现实吧!”在使用暗示调节时，要避免运用不当的消极暗示，而应使用积极的自我暗示。

5. 心理换位

心理换位是消除不良情绪的有效方法，是指与他人互换位置或角色，即将心比心，站在对方的角度分析问题。通过心理换位，来体会别人的情绪和思想。这样就有利于消除和防止不良情绪。例如，当受到家长和老师的批评时，要设身处地想一想，假如你是老师、家长，遇到此类情况会怎样呢？这样，往往就能理解家长、老师对自己的态度，从而使心情平静下来。

6. 升华转化

升华转化就是要发掘和调动思想中的积极情绪，抵制和克服消极情绪，将痛苦、烦恼和忧愁等消极情绪转化为积极有益的行动。

三、大学生培养情商的途径

情商（emotion quotient，EQ）也叫情绪智商，是相对智商（intelligence quotient，IQ）而言的心理学概念。它反映的是一个人把握和控制自己情绪、对他人情绪的揣摩和驾驭、承受外界压力的能力，以及不断激励自己和把握自己心理平衡的能力，属于人的非智力因素的范畴。科学研究表明，情商是比智商更重要的一个商数。当代的家庭教育往往重视对孩子智力的投资和开发，甚至认为智力发展水平决定了孩子的一切，把智商看作孩子成才的唯一条件。而过分关注孩子的智力开发，往往会忽视“信心”“乐观”“毅力”“兴趣”“与人合作”等非智力范畴的情商对孩子学习产生的巨大影响。据有关资料统计，我国目前有相当多的青少年存在着心理障碍，初中生约为13.7%，高中生约为18.8%。

可以说，学生的情商对他们的生活和学习影响极大。关注学生的情商培养，树立学生的健全人格，是值得广大教育工作者特别是班主任探讨的重要心理问题之一。那么，如何有效培养大学生的情商呢？

1. 重视大学生情商培养，营造良好的教育环境

情商教育是大学生全面发展的需要。高校要重视并充分发挥教师的主导作用和学生的主体作用，提高大学生对情商的认识水平，为情商的培育提供良好的发展环境。

1）引导大学生有效控制不良情绪，营造良好的心境。情绪是人对客观事物的一种特殊的反映形式，既可成为行为的内驱力，又与人的身心健康有密切关系。情绪能使人的行为积极，也能使人的行为消极。老师应针对导致学生产生不良情绪的主要因素，引导学生学会对情绪进行自我调控，营造良好的心境。

2）教育大学生正视挫折，增强抗挫折能力，培养良好的心理素质。在教育工作中，经常教育学生用正确的态度对待学习和生活中的不如意，正视挫折、驾驭挫折、化解挫折，最终战胜挫折。学校可通过开展挫折教育、开设心理咨询等系列活动，帮助学生认识挫折心理，品尝到成功的喜悦和失败的苦涩，使之身心得到锻炼。

3）积极构建课堂文化。第一，利用课堂文化氛围、教师文化行为而产生的文化力来开启学生的情商，即抓住师生关系是教学活动的核心问题，积极营造师生互爱、互动和探索的课堂文化氛围，做到把激情带进课堂，把微笑、趣味、信任带进课程，以自身的感情感染学生。第二，优化教学设计，唤醒学生主体与内驱力等情商因素，即引导学生对教学内容、教学活动产生心理准备，鼓励学生并与之在平等前提下对话与交流、探究问题，进而解决问题，从而达到共同发展的目的。第三，创设问题情景激发学生情商，即激发学生的学习兴趣和求知欲，让学生体验到经过一定的努力就能解决相应问题，但不经过努力就不能解决。第四，教师用榜样激活学生的情商，即教师要力求以健康愉悦的情感与言行感染自己的学生，使其产生强烈而积极的内心体验，将教育要求内化为学生的动机和需要，塑造健全的人格。

4）为学生提供一个施展才能的舞台。在对学生的培养目标上，要更多地关注学生生命的发展，做到既注意知识体系之间的内在联系与多重关系，又要注意学生生命诸方面的内在联系和整体发展。在学生培养过程中，要尽可能多地为学生提供自主活动的空间，让学生有更多的机会表现自我，体验成功的喜悦，从而激活学生的情商，开发学生的内在潜力。

5）重视乐观教育，培养合作精神。教师可通过目标激励，增强学生的自信心，培养学生的幽默感，使他们以轻松的心理对待压力，使他们正确认识生活的意义，养成自信、积极、乐观向上的人生态度，以具备未来社会人才必备的宽容心境和合作精神。

2. 开展多形式、多层次、多渠道的情商教育活动

情商的养成重在课堂之外，必须以具体而有形的载体为依托。组织或参加报告会、

交流会、联谊会及文化艺术、音乐体育等活动，到基层调查访问等，在日常生活中或实践课堂中学习和磨炼，以吸取营养，对提高情商都是非常有益的。

3. 注重自我教育与训练

对大学生自身而言，一是要养成良好的生活和学习习惯。人对情绪的反应会养成一定规则，良好的生活和学习习惯会使人的情绪稳定，形成正确的情绪习惯。二是要学会了解和控制自己的情绪。通过自身的反省和调整，化解一些不良情绪，激励自己朝着一定的目标努力。三是要关注自身的知识、能力与修养。要主动学习文学、历史、美学等知识，主动培养自身的独立思维能力、实际动手能力和创造能力。

情商并不是天生的，而是在后天的社会实践和教育的熏陶以及在个人自觉的锻炼和修养中潜移默化形成的。对于情商的培养，环境影响和教师的引导作用至关重要。大学生要在此基础上，正确认识情商的意义，制订可行的措施培养并提高情商，通过情绪体验活动、团队意识培养建立和谐的人际关系，提高心理素质，培养受挫能力等，以适应社会对新时期人才的要求。

任务五　目标管理活动

一、职业生涯目标的要点

如何确定职业生涯发展目标对于一个职场人士来说很重要，职业生涯的成功同自己确定的职业生涯发展目标的关系十分密切，人们确定的职业生涯目标决定了职业生涯成功的程度。世界上很多因确定了自己的职业生涯目标而最终成功的人，任何轻视确定职业生涯发展目标在职业生涯中的作用的观点和行为，都会间接影响到职业目标的实现和持续发展。

大学生在确定职业生涯目标时不但要统筹考虑，还要结合自己的实际情况对待。综合来说有以下 4 点。

1. 明确兴趣与爱好

在规划职业生涯目标时，兴趣是主要动力，只有有了兴趣，一个人才能真正热爱自己准备从事的工作。当今的职业选择能够尽如人意的很少，在这种“就业难”的状况下，大学生不要因为畏惧就业而放弃原本的兴趣与爱好。如果在 4 年的大学生活中能多思考自己的职业生涯目标和规划，并且全心全意地为理想奋斗，想要爱好与职业岗位兼顾，不是不可能的。

2. 分析专业与所期待的工作是否相适合

很多大学生在选择大学、专业时不能完全按自己的心意，在面对职业生涯目标的时候会产生比较盲目、无所适从的心理。确定职业生涯目标时，最好优先考虑适合本专业的职业，这样可以免去很多烦恼，不会因为专业与工作不对口等问题而心生烦躁。

3. 明确自身优势，分析自身劣势

人无完人，每个人都有自身难以克服的人性缺点与能力弱点。在选择与确定职业生涯目标时，一定要看清自己的能力大小，分析自己的优势和劣势，深入了解自我，根据过去的经验选择、推断未来可能的工作方向与机会，并结合自身实力考虑其合理性与成功的概率。

4. 分析社会发展状况

面对众多职业，究竟选择哪一个，不仅取决于自身的爱好与能力，还取决于其行业自身的生命力。要寻求符合社会发展潮流，有巨大生命力的职业。因此，在确定职业生涯目标时，一定要考察行业生命力。同时，选择职业生涯目标还应善于把握社会发展的脉搏，对社会大环境做出分析。虽不能面面俱到，但也要有一定的广度，包括社会政治、经济的发展趋势，社会热点职业门类的分布和需求情况，自己所学专业在社会上的需求形势，自己所选择的单位在未来发展中的情况及在本行业中的地位、市场占有率和发展趋势等。

案例分析

小张学的是国际经济与贸易专业，这个专业涉及的学科很宽泛，没有专业特色，在职场上缺乏竞争力。他毕业 3 年了，每年至少跳槽 3 次，从事过的工作有行政部文员、销售部文员和研发部文员，做的都是一些辅助性的工作，对此他感到很灰心，不甘心一辈子做文员，想从事国际经济与贸易专业的相关工作，但又缺乏底气。

点评：小张遇到的最大问题是没有确定自己的职业生涯目标，因此他频繁地跳槽，不知道自己想从事什么工作，能够从事什么职业，没有发现并培养出自己在职场上的竞争力。此外，他对从事文员岗位工作缺乏正确的认知，做文员让他灰心这种工作态度需要及时得到调整。

目前，他需要仔细审视自己爱好什么职业，能够从事什么工作，然后确定职业生涯发展目标。如果他想从事国际经济与贸易专业相关工作，应尽早下决心，并选择能够发挥自己专业特长的企业。倘若他愿意从事文员岗位，应该早抉择，并且选择具有挑战性的文员岗位，诸如研发部文员或营销部文员，然后确定自己的职业发展目标。他不能再在职业选择上摇摆不定，否则他未来职业生涯发展的空间将极为有限，应该从职业发展的战略高度确定自己的职业生涯发展目标。

二、职业生涯目标的特点

职业生涯目标分为短期职业目标、中期职业目标、长期职业目标，其特点如下。

1. 短期职业目标的特点

1）目标表述清晰、明确。

2）目标对于本人具有意义，与自我价值观和中长期目标一致，有可能暂时不能完全满足自己的兴趣要求，但可“以迂为直”。

3）目标切合实际，并非幻想。

4）有明确的具体完成时间。

5）有明确的努力方向，通过努力能达到适合环境需要的能力，实现起来较有把握。

6）目标精练。

2. 中期职业目标的特点

1）目标是结合自己的志愿、组织的环境及要求制订的，与长期目标相一致。

2）目标基本符合自己的兴趣、价值观，使人充满信心，且愿意公之于众。

3）目标切合实际，并且未来的发展有所创新，有一定的挑战性。

4）目标能用明确的语言定量与定性说明。

5）目标有比较明确的执行时间，根据外部环境变化可做出适当的调整。

6）目标可以发挥自己的能动性，实现的可能性非常大。

3. 长期职业目标的特点

1）目标是自己认真选择的，和组织、社会的发展需求相结合。

2）目标很符合自己的兴趣、价值观，能为自己的选择感到骄傲。

3）目标能用明确的语言定性说明。

4）有实现的可能，并有更大的挑战性。

5）目标与志向相吻合，能够立志通过努力实现理想。

6）目标与人生目标相融，指导自己为创造美好未来坚持不懈。

设定目标是主客观条件的统一过程，即主观的需要以及主观条件与客观环境的有机结合。因此，按“充分、必要”的原则处理好目标和条件的关系，是正确确定目标、保证管理绩效的基础。

三、实现职业生涯目标的方法

大学生个人职业生涯目标在现实中由于各种原因导致执行力低下，如缺乏有效的时间管理，或是不能坚持到底。下面分别从时间管理、自我激励和策略路径 3 个方面来探讨职业生涯目标的实现方法。

1. 时间管理

1）分阶段目标。目标分为短期的日常目标（每日、周和月）、近期目标（1 年）、中期目标（1～3 年）、长远目标（3 年以上）及人生的大目标（10 年以上）。

2）大学生最好为自己制订 3 年内的目标，将大的目标分解为小的阶段目标，目标可以一步一步地设立和实现。

3）实现的期限。给定一个实现职业生涯目标最后的期限，制订具体的时间表，并请亲友导师来监督自己，珍惜可利用的每一分钟，同时安排好放松的时间，保持大脑处于一种良好的创造性思维状态下。

2. 自我激励

即使制订了一份详细的计划表也不能保证在期限内完成任务，因为有的人缺乏外界的压力，或是没有内在的动力，不会积极主动地完成一件事。一个人若要自觉地完成一件事情就需要自我激励，通过满足内心的需要来激励自己。

3. 策略路径

策略是为了达到目标所采取的行动和措施，路径是其中要经历的路线或者方向。为了落实职业生涯目标，大学生采取的具体措施有继续学习深造、参加工作培训和轮岗，构建职业人际关系网络，以及平衡家庭、工作和自我发展等。

职业路径一般包括 3 种，一是技术功能型，二是管理功能型，三是自我创造型。

项目三 职业性格探索

“习惯决定性格，性格决定命运。”性格是一个人对现实的态度和行为方式。人们的性格是在社会生活环境和人与人之间的交往中形成的，一旦形成就相对稳定。如果我们了解了一个人，就能预料他在某种情况下会表现出什么样的态度。例如，诸葛亮由于掌握了司马懿多疑寡断的个性，准确地断定司马懿一定会急速退兵，才敢于设下“空城计”退敌。所以了解了一个人的个性，就掌握了主动权，在为人处世方面容易占有优势。另外，性格具有可塑性。父母的个性也会影响孩子的性格。人们为了能够更好地适应环境，其性格会随着生活环境的变化而变化。因此，要有意识地培养和塑造自身的个性。

由于性格具有复杂性，心理学家提出的观点不同，至今还没有一种正规的性格分类标准，常见的有以下几种：根据知、情、意三者在性格中哪个占优势划分，性格分为理智型、情绪型和意志型；根据个人心理倾向划分，性格分为外向型和内向型；根据个人独立的程度划分，性格分为独立型和顺从型；根据人的生活方式划分，性格分为理论型、经济型、审美型、社会型、权力型和宗教型。内向性格的人善于思考，遇事谨慎，不善于交往。其优点是遇事沉着，但思想狭隘，容易产生自卑感。外向性格的人性格爽朗，遇事不怯场，反应快，但缺乏计划性和坚持性，往往凭兴趣办事。性格的内向和外向没有绝对的分界，无好坏之分，各有长短。有人据此把内外向性格类型分为 5 种，见表 3-1。

表 3-1　人的性格类型

内向型		外向型	
类型	特点	类型	特点
孤独型	沉默寡言，谨慎，消极，孤独	社交型	爽朗积极，能言善辩，顺从
思考型	善于思考，深入钻研，提纲挈领	行动型	现实，说干就干，易变化，好动
自信不足型	自卑，自责，自罪感	自负型	瞧不起别人，过高估计自己
不安型	规矩，清高，小心谨慎	乐天型	胆量大，大方，不拘小节
冷静型	小心谨慎，自觉，稳重	感情型	敏感，喜怒哀乐变化无常

在求职面试中，外向型性格的人有优势。一项调查显示：在求职面试时，性格外向的人求职成功率高于性格内向的人。这是因为性格外向的人更善于把自己展示给对方，特别是把自己的长处展示出来。性格内向的人即使有真才实学，但由于不善于展示自己，面试人员难以通过感性印象了解他。而在进入工作岗位后，性格内向的人常常因为踏实、稳重受到上级赞赏和重视。

任务一 性格与职业

性格直接影响个人所从事的职业活动。在选择职业时需要考虑个人性格，选择适合个人性格特点的职业。一般来说，外向型性格的人更适合从事与自己热情、开朗、自信的性格相称的职业，喜欢与外界有广泛的接触；内向型性格的人比较适合从事有计划的、稳定的、不必过多与人交往的职业，喜欢独立开展自己的工作。

案例分析

××理工学院计算机应用专业的学生××在实习期间，参加了一家信息公司的面试，在 20 名应聘者中，他幸运地成为被录用的 4 个人中的一个。他的学校不出名，且他没有工作经验。笔试时 7 道理论题他答错了 3 道，但面试时他的一句话打动了面试人员。他说："我性格外向，人际沟通能力强，团队合作意识强，请给我这个机会，我会让你们满意的。"于是，他被公司告知试用 15 天，而另外 3 位被试用者都来自名牌大学。

该公司正在开发一个投资很大、前景很好的项目，他被分到编程组。他在进入公司的第 5 天，就发现由于编程组和页面组的人都各自埋头苦干，互相缺乏沟通和交流，往往在双方衔接时出现很多问题，常导致返工和一些不必要的矛盾，领导为此很生气。他的编程能力并非很强，除了小心翼翼、加班加点按时完成领导分给自己的任务外，还主动负责与页面小组的人员沟通，注意双方的衔接问题。试用期结束后，一位名牌大学毕业的毕业生虽然编程能力很强，但内向的性格使他在工作时明显表现出消极、被动和固执的特点，因此被辞退。在 5 个月的时间里，几个名牌大学毕业的学生陆续被辞退。而他和领导的沟通与交流增多，领导对他的信任度和赏识也在逐步加深。他的月薪提前涨了 1000 元，还被任命为项目经理，负责领导和员工之间的沟通及联络。领导还通知他，将派他和另外两名员工赴美国西雅图市进行该项目的第二阶段的工作，一次工作签证3年，年薪不低于 6 万美元。

一毕业就不花费资金到美国从事软件开发工作，这是很多计算机专业学生的梦想，他在很大程度上凭借其性格优势获得了这个宝贵的机会。

点评：大学生在择业时，如果能够扬长避短，加上自信和敬业，就可以很好地利用自己的性格优势，发挥自己的主观能动性，从而获得用人单位的认可。

一、测量性格

对性格的测量比较困难。由于环境因素和人为因素表现复杂，要鉴定出一个人的性格就需要做系统的观察和研究，从多种行为方式中选择典型的行为动机，可借用人格自我评定表和人格投射测验表来测量。下面介绍一种国内常用的测试表——陈会昌气质测量表，使用简便，测查全面，共60个项目，每个气质类型各15题，按随机顺序排列，采用自我陈述法，要求被试者按指导语的要求回答问题。

问卷调查

陈会昌气质测量

指导语：本测验共有60个问题，只要你能根据自己的实际行为表现如实回答，就能帮助你确定自己的气质类型，但必须做到如下几点。

1）回答时请不要猜测题目内容要求，也就是说不要考虑应该怎样，而只回答你平时怎样，因为题目答案本身无正确与错误之分。

2）回答要迅速，不要在某道题目上花过多时间。

3）每一题都必须回答，不能有空题。

4）在回答下列问题时，你认为很符合自己情况的记2分，较符合自己情况的记1分，介于符合与不符合之间的记0分，较不符合自己情况的记−1分，完全不符合自己情况的记−2分。

1. 做事力求稳妥，不做无把握的事。
2. 遇到可气的事就怒不可遏，想把心里话全说出来才痛快。
3. 宁肯一个人干事，不愿很多人在一起。
4. 来到一个新环境中很快就能适应。
5. 厌恶那些强烈的刺激，如噪声、危险镜头等。
6. 和人争吵时，总是先发制人，喜欢挑衅。
7. 喜欢安静的环境。
8. 善于和人交往。
9. 羡慕那种善于克制自己感情的人。
10. 生活有规律，很少违反作息制度。
11. 在多数情况下情绪是乐观的。
12. 遇到陌生人觉得很拘束。
13. 遇到令人气愤的事能很好地自我克制。
14. 做事总是有旺盛的精力。
15. 遇到问题常常优柔寡断。
16. 在人群中从不觉得过分拘束。
17. 情绪高昂时，觉得干什么都有趣；情绪低落时，又觉得什么都没有意思。
18. 当注意力集中于某一件事物时，别的事很难使我分心。
19. 理解问题的速度总比别人快。
20. 遇到危险情景，常有一种极度恐惧感。
21. 对学习、工作、事业怀有很高的热情。

22. 能够长时间做枯燥、单调的工作。
23. 符合兴趣的事情，干起来劲头十足，否则就不想干。
24. 一点小事就能引起情绪波动。
25. 讨厌做那种需要耐心、细致的工作。
26. 与人交往不卑不亢。
27. 喜欢参加热烈的活动。
28. 爱看感情细腻、描写人物内心活动的文学作品。
29. 工作和学习时间长了，常感到厌倦。
30. 不喜欢长时间谈论一个问题，愿意实际动手干。
31. 宁愿侃侃而谈，不愿窃窃私语。
32. 别人说我总是闷闷不乐。
33. 理解问题的速度常比别人慢。
34. 疲倦时只要短暂地休息就能精神抖擞，重新投入工作。
35. 心里有话宁愿自己想，不愿说出来。
36. 认准一个目标就希望尽快实现，不达目的，誓不罢休。
37. 学习、工作和别人花费的时间同样长，但常比别人更易感到疲倦。
38. 做事有些莽撞，常常不考虑后果。
39. 老师或师傅讲授新知识、新技术时，总希望他讲慢些，多重复几遍。
40. 能够很快地忘记那些不愉快的事情。
41. 做作业或完成一件工作总比别人花的时间多。
42. 喜欢运动量大的剧烈体育活动，或参加各种文艺活动。
43. 不能很快地把注意力从一件事转移到另一件事上。
44. 接受一个任务后，就希望迅速解决。
45. 认为墨守成规比冒风险强。
46. 能够同时注意几件事物。
47. 当我烦闷的时候，别人很难使我高兴起来。
48. 爱看情节起伏跌宕、激动人心的小说。
49. 对工作抱有认真严谨、始终一贯的态度。
50. 和周围人们的关系总是相处不好。
51. 喜欢复习学过的知识，重复做已经掌握的工作。
52. 希望做变化大、花样多的工作。
53. 小时候会背的诗歌，我似乎比别人记得清楚。
54. 别人说我“出语伤人”，可我并不觉得是这样。
55. 在体育活动中，我常因反应慢而落后。
56. 反应敏捷，头脑机智。

57. 喜欢有条理而不甚麻烦的工作。
58. 兴奋的事常使我失眠。
59. 老师讲的新概念，我常常听不懂，但弄懂以后就很难忘记。
60. 假如工作不对口，我马上就会感到情绪低落。

测试结果：

第一，把每道题的得分填入下表相应得分栏。

第二，计算每种气质类型的总得分。

第三，确定气质类型。

1）如果某类气质得分明显高出其他3种，且均高出4分以上，则为该类气质。如果该类气质得分超过20分，则为典型型；如果该类得分为10~20分，则为一般型。

2）两种气质类型得分接近，其差异低于3分，而且又明显高于其他两种，高出4分以上，则为这两种气质的混合型。

3）3种气质得分均高于第四种，而且接近，则为3种气质的混合型，如多血—胆汁—黏液质混合型或黏液—多血—抑郁质混合型。

4）如4类分数皆不高且相近（小于3分或等于3分），则为4种气质的混合型。

多数人的气质是一般型气质或两种气质的混合型，典型气质和数种气质的混合型的人较少。

陈会昌气质测量评分表

胆汁质	题号	2	6	9	14	17	21	27	31	36	38	42	48	50	54	58	总分
	得分																
多血质	题号	4	8	11	16	19	23	25	29	34	40	44	46	52	56	60	
	得分																
黏液质	题号	1	7	10	13	18	22	26	30	33	39	43	45	49	55	57	
	得分																
抑郁质	题号	3	5	12	15	20	24	28	32	35	37	41	47	51	53	59	
	得分																

胆汁质又称不可抑制型，属于战斗类型。这种气质类型的人精力旺盛、反应敏捷、乐观大方，但性急、暴躁而缺少耐性，热情忽高忽低。这种人适合做刺激性大而富于挑战的工作，如导游、节目主持人、推销员、演员、模特等。胆汁质的人不适合做整天坐在办公室或不走动的工作。

多血质又称活泼型，属于敏捷好动的类型。适应能力强，善于交际，在新的环境中应付自如，反应迅速而灵活；办事效率高，但注意力不集中，兴趣容易转移。多血质人的职业选择较广泛，如新闻工作、外事工作、服务人员、咨询员等。多血质的人不适合做细致单调、环境过于安静的工作。

黏液质又称安静型，属于缄默而沉静的类型。这种人踏实、稳重，兴趣持久专注，善于忍耐，但黏液质人有些惰性，不够灵活，而且不善于转移注意力。这种类型的人适合做管理人员、办公室文员、会计、出纳、播音员等，不适合做富于变化和挑战性大的工作。

抑郁质又称易抑制型，属于呆板而羞涩的类型。这种类型的人感情细腻，做事小心谨慎，善于察觉到别人观察不到的微小细节，但适应能力较差，易于疲劳，行动迟缓，羞涩、孤僻且显得不大合群。这种类型的人适合做保管员、化验员、排版员、保育员、研究人员等。抑郁质的人不适合做与各色人物打交道、变化多端、大量消耗体力和脑力的工作。

案例分析

小张的气质属于黏液质，善于思考，喜静不爱动，语言表达能力差。他在研究生毕业后当过教师。尽管他很有学问，也很爱学生，但他一走上讲台就紧张不已，满肚子的学问讲不出来，学生的意见很大。后来他无法教课，被调到研究所工作。这份工作使他成为一名很有前途的专职研究人员，取得了显著的成绩。

点评：一个人的气质在择业过程中有着不可低估的作用。大学生应该通过一定的途径，了解自己的气质类型，从而寻找一份“人职匹配”的工作。

二、分析自我性格的特征

（一）认识自我

自我评估的目的是认识自己、了解自己。只有认识了自己，才能对自己的职业做出正确的选择，才能选定适合自己发展的职业生涯路线，才能对自己的职业生涯目标做出最佳抉择。自我评估包括评估自己的气质、性格、职业兴趣、能力、职业价值观、职业理想等。

1. 气质

气质是人的典型、稳定的心理特点，一般分为胆汁质、多血质、黏液质和抑郁质 4 种。一般的人是几种气质的混合，只是更倾向于某一种。

2. 性格

性格是个人稳定的态度和习惯的行为方式，可以说，性格是气质和其他心理特征的外在表现形式，与气质的稳定性不同，性格具有更大的变性，更容易因为经历和遭遇的不同而改变。性格一般分为外向和内向两种。个人身上也往往兼有内向与外向两种性格。例如，一个性格腼腆内向的人却成为成功的企业家，而一个开朗好动的人在安静的实验室中度过了一生。

3. 职业兴趣

职业兴趣决定的是这个职业你是否喜欢。理想在客观上确定了你要做什么，而兴趣是在主观上确定你喜欢什么、不喜欢什么。兴趣是影响人择业最主观的因素，也是判别一个职业是否适合自己的关键因素，所以大学生在择业时一定要充分考虑自己的兴趣。职业兴趣共有十种倾向，可以通过职业测评认知。职业兴趣是你转换工作的最大因素，你会因为不喜欢某一工作而跳槽。

4. 能力

能力包括职业能力和特殊职业能力，职业能力特指影响你做好一份职业、在职业上发展的能力，而非指个人的所有能力。职业能力是由具体的一个个职业所客观要求的，即如果你要做好这项工作，必须具备职业能力（专项职业能力），如团队协作能力、商务写作能力等。大学生在择业时要更多地考虑自己具备的通用职业能力，只有当需要在多个职业中具体选择职业时，才会用到特殊职业能力。

5. 职业价值观

职业价值观是指个人对客观事物（包括人、物、事）及对自己的行为结果的意义、作用、效果和重要性的总体评价，是对什么是好的、是应该的看法，是推动并指引一个人采取决定和行动的原则和标准，是个性心理结构的核心因素之一。它使人的行为带有稳定的倾向性。价值观是一种内心尺度，它凌驾于整个人性当中，支配着人的行为、态度、观察、信念、理解等，支配着人认识世界、明白事物对自己的意义和自我了解、自我定向、自我设计等，因而直接影响个人的职业选择与职业生涯规划。

6. 职业理想

职业理想是人们在职业上依据社会要求和个人条件，借助想象而确立的奋斗目标，即个人渴望达到的职业境界。它是人们实现个人生活理想、道德理想和社会理想的手段，并受社会理想的制约。很多大学生还没有明确的职业理想，他们只有一些生活理想、社会理想。职业理想直接影响职业的选择，生活理想、社会理想等理想能左右行业的选择。

（二）转变角色

从中学生过渡到大学生，这是一个角色转变的过程，我们为此要做一些准备工作。从中学生成为大学生，身份变了，角色也就变了；角色变了，角色规范自然也就发生变化。简单地说，就是大学生就要有大学生的样子。那么和中学生相比，大学生应该有哪些方面的不同呢？

1）从依赖到独立的转变。从职业生涯规划和发展的角度看，如果学习是职业生涯的准备阶段，那么大学生相对于中学生来说，至少有了更多的自主性和独立空间。

2）从被动学习到主动学习的转变。一些同学浑浑噩噩度过了大学时光，到求职的时候才知道自己没有相应的职业知识和技能准备，出现这种情况，不能埋怨学校、责怪老师，而是要从自身寻找原因。

3）从未成年人向成年人的转变。中学生基本上属于未成年人，而大学生的年龄大多为18岁以上。到了这个年龄，尽管还不能自己谋生，但个人的社会化应该基本完成。因此，大学生要认识到自己身上的责任：对自己负责，对家庭负责，对社会负责。要行使自己的权利，思考自己的未来，规划个人的职业生涯以及整个人生。

问卷调查

未来职业测试

现在的社会竞争是非常激烈的，我们要把握每一个来之不易的机会推销、展示自己。要把自己最好的一面展现出来，首先要了解自己的优点。这样无论是在情场、商场或是职场，都能抓住更多有利的机会，拥有更广阔的空间展示自己最完美的一面。

假如世上真的有时光隧道，可以让时间轮回，能够带领你走入各个时空幻境，甚至连书中的虚构世界都能成为现实，你最希望去哪个时空拜访你仰慕已久的人物？

A. 和摩西一起将红海开出一条路。

B. 和哈利·波特同乘光轮2000参加球赛。

C. 追随堂吉诃德出征全世界。

D. 与福尔摩斯一同侦破世界上最离奇的案件。

测试结果：

选择A选项：你面对困难时会有耐心和毅力，能长时间保持一种状态。你的努力全被领导看在眼里，所以没多久你就能晋升到不错的位置，这都是靠你的毅力所换来的。你很有企图心，想要在事业上开拓自己的版图。因此，将来你在工作中不但会成为公司的中流砥柱，还会是领导最为信任的左右手。你看过很多人的丰功伟绩，认为自己只要努力，也能够办到。你会孜孜不倦埋头苦干，在别人都放弃的时候，仍旧会坚持到最后。

选择B选项：你对人，尤其是消费者的心理能够掌握得很透彻。你是一个称职的业务员，能够清楚掌握市场动向，也深知客户的心理，可以把商品成功推销出去。所以在以业务为主的公司里，你是一位佼佼者，你的意见很有分量。你是一个超级业务员，也是一个不错的领导者，可以将企业成功推入市场。

选择C选项：你的思绪会一直处于波动的状态，所以你很适合从事创意工作，尤其擅长需要动脑筋的企划案。你能够想出一些好点子，然后交由其他人执行，若可以正确分工，你们会是一个默契绝佳的工作团队。假如交给你一些行政工作，你马上会不知所措，毫无头绪，也因为不爱做重复而烦琐的事情，表现的成效也会一路下滑。不要强迫自己做不感兴趣的事情，那样无论是对你自己还是你所处的团队都是一种损失。

选择D选项：你最大的优点就是做事很细心，可以在稳定的环境中看出一些不确定的因素，找到需要改变之处。所以你一直都保持着清晰的头脑以及对事情的好奇心，这样才能看到别人看不到的问题，你适合做智囊团成员。你所找出来的问题可能会扭转整个公司的走向和命运，所以领导也很看重你的意见。你要充分发挥这个优点，你的运气一直会很不错。

三、分析自我性格的类型

1. 活泼型多血质

示例：“这样多有意思！”

目标：活得开心。

情感需求：关注，认同，喜爱，肯定，与人结伴玩耍。

主要优点：能随时随地就任何话题进行讨论，活泼外向，乐观，充满幽默感，善于讲故事，喜欢与人相处。

主要缺点：缺乏条理，记不住细节、名字，夸张，对任何事都不够严肃，喜欢把工作交给他人去做，幼稚，轻信他人。

情绪低落的原因：生活缺乏乐趣，无法感受到他人的关爱。

害怕的方面：不受人欢迎，无聊，按部就班地生活，记账。

喜欢的人：爱笑，善于倾听，喜欢表扬他人，容易认同他人。

讨厌的人：爱批评人，对他们讲的笑话没有反应，不觉得他们可爱。

最适合的工作：富有创造力、朝气，宽松，可以鼓励他人，让他人开心。

应尝试在这些方面努力：做事条理清晰，少说话，学习时间管理。

做领导时的表现：善于激励、说服、启发他人，充满个人魅力，善于调节气氛，健忘，执行力不够。

压力下的表现：离开现场，购物，找人出去玩，编造借口，归咎于他人。

在其他人眼里的表现：不停地说话，嗓门大，热情活泼。

2. 力量型胆汁质

示例：“我说了算！”

目标：拥有控制权。

情感需求：所取得的成绩获得他人赞赏，有机会成为领导，参与家庭决策，拥有一定的控制权。

主要优点：可以立刻掌控局势，并迅速做出准确的判断。

主要缺点：专横跋扈，盛气凌人，独裁，感觉迟钝，缺乏耐心，不愿下放权力，不愿承认他人的功劳。

情绪低落的原因：生活不受自己控制，他人不遵从自己的命令。

害怕的方面：无法控制局面。

喜欢的人：支持他，顺从他，与他们的观点一致，乐于与他们合作并且把功劳都让给他们。

讨厌的人：懒惰，不愿长时间工作，挑战他们的权威，过于独立，不忠诚。

最适合的工作及原因：能够在短时间内比别人做出更多成绩的领域，通常都能迅速做出正确的判断。

应尝试在这些方面努力：为其他人提供做出决定的机会，下放权力，多些耐心，不要期望别人的效率和自己一样高效。

做领导时的表现：很自然地行使权力，迅速采取行动，对自己的能力非常有信心，有可能让不太积极的人不堪重负。

压力下的表现：加强控制，更努力地工作、运动，除掉自己不满的人。

在其他人眼里的表现：行动迅速，快速获得控制权，自信，好动多变，咄咄逼人。

3. 完美型抑郁质

示例：“这样做才是正确的！”

目标：追求完美。

情感需求稳定：空间，安静，体贴，支持。

主要优点：条理清晰，目标长远，理想主义，要求严格，分析深入。

主要缺点：情绪容易低落，花太多时间在准备工作上，过于注重细节，不好的事情一直记在心里，多疑。

情绪低落的原因：生活缺乏条理，没有达到自己的标准，觉得他人不在乎。

害怕的方面：没有人理解他们的真实感受，犯错误，不得不降低标准。

喜欢的人：严肃，有知识，深刻，可以与其进行充满智慧的对话。

讨厌的人：没有深度、条理，健忘，迟到，肤浅，敷衍搪塞，善变。

最适合的工作：重视细节，需要逻辑分析，需要耐心，标准高，需要较强的感受力。

应尝试在这些方面努力：不必总是一本正经，不要要求人人都追求完美。

做领导时的表现：条理清晰，感受力强，极富创造力，对工作质量要求高。

压力下的表现：离群独处，埋首书籍，情绪低落，放弃，翻旧账。

在其他人眼里的表现：严肃，天性敏感，有修养，谦虚，严谨，认真，对外在装束一丝不苟。

4. 平和型黏液质

示例：“找一个轻松点儿的办法吧！”

目标：避免冲突，和和气气。

情感需求：平和放松，关注，表扬，实现自我价值，温柔的鼓励。

主要优点：追求平衡，心态平和，冷幽默，亲切友善。

主要缺点：犹豫不决，缺乏热情，不够积极，有时极为倔强。

情绪低落的原因：生活中充满冲突，不得不与人面对面争执，没有人帮忙，发现问题出在自己身上。

害怕的方面：不得不处理一个棘手的人际问题，独自承担责任，生活发生大变化。

喜欢的人：爱笑，善于倾听，喜欢表扬他人，容易认同他人。

讨厌的人：咄咄逼人，聒噪，对他们要求过高。

最适合的工作及原因：对存在矛盾的双方斡旋调停，能够客观地解决问题。

应尝试在这些方面努力：制订目标，自我激励，主动承担更多工作，行动更为迅速，像处理他人的问题一样面对自己的问题。

做领导时的表现：镇定，冷静，内敛，不会因一时冲动做出决定，很少提出新奇的解决方案。

压力下的表现：逃避，看电视，吃东西，离群索居。

在其他人眼里的表现：镇定，身体姿势总是很放松。

四、性格与职业生涯的匹配度

（一）性格与职业匹配的类型

性格与职业是否匹配直接影响一个人的工作稳定性。只有性格适应岗位要求的个体，才能在这个岗位上稳定工作。否则，就难以在此工作岗位上长久地工作，也不能为企业带来较高的工作绩效。职业心理学家约翰·霍兰德的研究方法把人们的性格与职业匹配归为以下6类。

1）实际型（realistic）：务实，坦率，喜欢有规则的具体劳动和需要基本操作技能的工作，缺乏社交能力，不适应社会性质的职业。

2）研究型（investigative）：善于分析、头脑灵活，具备科学精神，在做出决定前一般喜欢搜集大量信息，会对没有合理数据支持的观点提出质疑。

3）艺术型（artistic）：具有想象、冲动、直觉、无秩序、情绪化、理想化、有创意、不重实际等人格特征。他们充满创造力和想象力，喜欢艺术性质的职业和环境，不善于做事务工作。由于他们的直觉思维能弥补其他人可能会采取的理性做法，因此他们有良好的解决问题的能力。

4）社会型（social）：具有合作、友善、助人、负责、圆滑、善社交、善言谈、洞察力强等人格特征。喜欢社会交往、关心社会问题、有教导别人的能力。他们有良好的团队精神，容易与他人达成共识。

5）企业型（enterprising）：竞争力强，精力充沛，性格外向，喜欢从事领导及企业性质的职业，独断、自信、善社交等。

6）传统型（conventional）：具有顺从、谨慎、保守、实际、稳重、有效率等人格特征，喜欢有系统、有条理的工作任务。

（二）性格与职业匹配问题的解决方法

心理学专家认为，根据性格选择职业，能使自己的行为方式与职业工作相配合，更好地发挥自己的聪明才智和一技之长，从而能得心应手地驾驭本职工作。因此，选择职业需要考虑自主的性格特点与综合素质，这将有利于性格与职业的科学匹配。

1. 培养科学价值观，提高综合素质

价值观不仅影响个人行为，还影响组织行为，进而影响组织的绩效。对待同一事物，由于人们的价值观不同，就会产生不同的行为。为了获得好的经济效益，企业领导者在选择企业的目标时，就必须考虑到与企业经营活动有关的个人和群体的价值观，只有在平衡各方面价值观的基础上才能选择合理的组织目标。

2. 提高社会适应能力，建立良好的人际关系

社会的快速发展对人们提出了越来越高的要求，因此就业人员需要不断提高自我对社会的适应能力，主动学习与追求进步，为自我的稳固发展提供有力的保障。良好的社会人际关系，是构建和谐发展环境的重要因素，利于人们集思广益，更好地进行创新与自我拓展。

3. 职业定位要“准”

定位就是要落在“定”“准”上，不能泛谈，包括行业定位、方向定位、职位定位、薪酬定位等。要根据自身的实际情况综合考虑各方面的因素，兼顾考虑社会的需求和未来发展前景等外在因素，这是规划是否成功的基本保证。

4. 从基础的职业岗位做起

善于从小事、从具体的职业岗位做起，只要这种小事、具体事与自己的最终职业目标一致，有利于实现个人职业目标，都可以选择并确定为自己的最初职业岗位。人的职业生涯规划就是这样一件可以由若干件小事（行为）所组成的大事，立足于小事，才能成就大事。

5. 科学地分析市场要求与自我优势

信息化在现代社会中起着不可替代的重要作用，掌握全方位的信息，对调整自我目标、设计自我规划等都有着关键的作用。在市场经济下的当今社会，我们要学会分析市场信息，明确市场需求，以及时调整自我发展。我们应在对大局的了解基础上，充分发挥自己的性格特点、优势以及职业兴趣等，并不断超越。

任务二　性格探索的方法——MBTI

一、MBTI 四组维度

MBTI（Myers-Briggs type indicator，迈尔斯-布里格斯性格分类法）是一种迫选型、自我报告式的性格测试问卷，用以衡量和描述人们在获取信息、做出决策和生活取向等方面的偏好。荣格在其心理类型理论中将性格划分为 3 个维度，布里格斯母女将其发展后，在 3 个维度基础上加上了第 4 个维度，即行动方式维度，并将其分为判断（judging，J）和知觉（perceiving，P）。下面我们详细阐述这 4 个维度。

1. 外向型与内向型

性格类型的第一个维度是外向与内向，这是根据能量倾向进行的分类。何为能量倾向？通俗地说就是人们注意力集中的方向。对于外向型（extraversion，E）的人，基本刺激来源于外部世界的人或事物，而内向型（introversion，I）的人则来源于自己的内心世界以及自我的思考和反省，见表 3-2。

表 3-2　外向型与内向型的比较

外向型	内向型
注意力集中于外部环境	注意力集中于自己的内心世界
注意力容易分散	注意力集中
喜欢与人交往	喜欢独处
友好，易于接触	安静，不易于接触和了解
善于沟通和表达	不善言辞
做事情积极主动	事件意义重大时主动
先行动，后思考	先思考，后行动
兴趣爱好广泛	兴趣专一

2. 感觉型与直觉型

性格类型的第 2 个维度是感觉与直觉，这个维度与人们平时接受信息的方式有关。感觉型（sensing，S）的人倾向于用五官去获取信息，对于自己的具体感觉非常关注，观察仔细，注重细节，比较实际；而直觉型（intuition，N）的人更相信自己的第六感觉，通过想象、无意识等来获取信息，注重整体和事物内在的含义，善于抽象出事物之间的联系，具有较高的创造力，见表 3-3。

表 3-3 感觉型与直觉型的比较

感觉型	直觉型
通过自己的感觉获取信息	通过自己的直觉获取信息
喜欢实际的、可测量的事物	喜欢事物所代表的内在意义
着眼于现实	着眼于未来
注重细节	注重整体
做事按部就班，喜欢制订规则	做事不按常理出牌，喜欢事物变换
思维连贯	思维跳跃
喜欢从事内容实际的工作	喜欢从事富于创造性的工作

3. 思考型与情感型

性格类型的第 3 个维度是思考与情感，这是人们制订决策的两种不同方式。思考型（thinking，T）的人通过逻辑判断对因果关系进行思考来处理信息和做出决定，受情感因素影响较小，善于理性客观地分析事物；而情感型（feeling，F）的人则依靠自己的感觉做出决策，善于运用同情心，受情感因素影响较大，所以有时会忽略客观事实，见表 3-4。

表 3-4 思考型与情感型的比较

思考型	情感型
凭借理性思考做出决定	凭借情感做出决定
遵照逻辑推理	倾向于个人信念与道德评判
善于分析事物	富有同情心，体贴他人
自己可以从情境中抽离出来，以旁观者身份看待问题	将自己放在情境中看待问题
对人际关系不敏感	避免矛盾和冲突
关注事实真相和公正	关注氛围和谐
理性，自信	情绪化，犹豫

4. 判断型与知觉型

性格类型的第 4 个维度是判断与知觉，涉及人们的行为方式，即如何与外部世界互动，你是愿意有条理地生活还是随性地生活。判断型（judging，J）的人做事情喜欢井井有条，有计划，条理性强，喜欢做出决定，然后按部就班地进行；而知觉型（perceiving，P）的人生活随意，喜欢灵活的、充满变化的生活，乐于享受生活而非按计划行事，见表 3-5。

表 3-5　判断型与知觉型的比较

判断型	知觉型
喜欢计划	喜欢随性
按部就班	灵活自发
喜欢做出决定	喜欢发现新事物，富有好奇心
喜欢确立目标，然后实现它	常改变目标，喜欢新的体验
正式，严肃，谨慎	随意，平和，开放
急于完成工作	喜欢开始一项工作
外表整洁，环境干净	着装以舒服为标准，不在意环境

二、MBTI 的人格类型

在 MBTI 测试中，每个维度上一个人只能有一种偏好，如一旦被确定是内向型，就不可能再是外向型。但是人的性格是非常复杂的，不可能只具有单一性格。例如，你是判断型，这只能说明你的行为方式在大多数情况下是判断型的，但有些时候也会呈现知觉型的某些特征。据此，可将 MBTI 的 4 个维度按程度、深浅划分为 16 种类型，各种类型的特征和其典型职业对应，见表 3-6。

表 3-6　MBTI 的人格类型

类型	特征	典型职业
ISTJ	严肃，沉静；专注，执着；注重实际，有条不紊；善于逻辑思考，注意力集中，有责任心	会计、行政管理、天文学家、预算分析员、房地产代理商等
ISFJ	属于照顾者型；友好，沉静，谨慎，责任心强；坚定而专注；注意细节，关心他人；忠诚；注重和谐与合作	室内装潢设计师、设计师、护士、社工、咨询师、家政人员等
INFJ	属于劝告者型；富有创造性和独创性；细心周到，热情细腻；谨慎，深思熟虑；有计划、有组织；有责任心，稳重	心理咨询师、诗人、作家、社会科学工作者、建筑设计师、网站编辑等
INTJ	独立自主，根据自己的标准生活；自信；富有创造性，有很强的达到目标的欲望；有怀疑心，挑剔，坚定；善于分析，理性，能很快地洞察事物的规律	首席财政执行官、知识产权律师、精神分析师、建筑师、管理顾问、综合网络专业人员、各类科学家等
ISTP	娴静而谦逊；自由而独立；具有逻辑性，务实；冲动而孤僻；兴趣趋向于机械方面；行事跟随感觉；富有幽默感	计算机程序员、软件开发员、军人、药剂师、律师助理等
ISFP	注重与周围环境的和谐，回避矛盾；友好，敏感，谦逊，注重感情投入；喜欢有自己的空间，把握自己的时间；平和而自由	心理咨询师、测量师、海洋生物学者、时装设计师、室内装潢设计师、园艺设计师等
INFP	乐于做符合自己价值观的事情；敢于承担任务并设法完成；偏好以抽象的和富有想象力的方式观察周围的事物；生活随意、灵活	艺术家、心理学家、大学教授、营养学家、人力资源开发人员、社会科学家、宗教教育工作者等

续表

类型	特征	典型职业
INTP	独立沉静，少言；思维宽广而富有创新精神；注意力易于转移，具有无穷的创造力；好奇而有上进心；理智随和；适应能力强；有主见，善于分析	计算机软件设计师、系统分析人员、金融规划师、研究开发人员、战略规划师等
ESTP	灵活，忍耐力强；注重实际和结果；遇事淡定，不慌张；不喜欢理论和抽象的东西；喜欢处理、分析事物；善于外交谈判；友善而富有魅力	记者、旅游代理、投资人、保险经纪人、预算分析师、园艺设计师、摄影师、管理顾问等
ESFP	外向，友善，包容；享受物质，热爱生活；喜欢与人交往，易于相处；注重现实情况，讲究常识和实用性；富有灵活性；对自己与他人都能接受和容忍；有魅力和说服力	团队培训人员、旅游项目经营者、演员、社会工作者、幼教工作者、职业策划咨询师、旅游管理/导游、促销员等
ENFP	健谈热忱，友善；精力充沛，富有想象力，颇具创新精神；聪明好奇，能快速解决问题；关心体贴，温柔敏感；有智慧而且乐观，适应能力强	人力资源经理、事业发展顾问、广告创意师、演讲家、记者、设计师、卡通制作者等
ENTP	乐观，善于言辞；富有创造力，喜欢挑战；才思敏捷，精力充沛；友好可爱，坦率直言；好奇心强，灵活；有逻辑性，善于分析	投资顾问（房地产、金融、贸易、商业等）、艺术总监、产品开发人员、营销策划、主持人等
ESTJ	友好直率，精力充沛；能力强，效率高，有条理；讲求实际，注重事实；具有怀疑精神；决策迅速；固执己见，保守；认真可靠	公司首席执行官、军官、项目经理、数据库经理、预算分析师、药剂师、房地产经纪人、保险经纪人、教师等
ESFJ	注重人际关系，并乐于助人；友好积极，精力充沛；健谈亲切，好交际；关心体贴，易于相处；注重实际而且正直；多愁善感，易受伤害；尽责，做事有条理；富有责任心	劳资关系调解人、零售经理、商品规划师、团队培训人员、旅游项目经营者、旅游销售经理等
ENFJ	注重人际关系，喜欢与人交往；友好热忱，谈吐亲切；易投入感情，易受伤；富有创造力；做事果断甚至武断；能力强，责任心重，做事有计划	电视制片人、新闻广播员、政治家、编辑、平面造型艺术家、网页编辑等
ENTJ	亲切友好，意志坚强；善于推理；诚实理性，对自己及他人要求严格；极力表现自己的能力；能干，果断，做事有条理，喜欢长远规划	经理、高级主管、办公室主任、人事经理、法官、管理咨询顾问、政治家、公司首席执行官等

以上就是对MBTI测评中的16种性格类型的详细描述，测试者可以通过比较表3-6，更好地了解自己的性格及特点，明确自己适合哪些领域的哪些工作。

问卷调查

MBTI职业性格测试

MBTI测试前须知：

第一，参加测试的人员请务必诚实、独立地回答问题，只有如此，才能得到有效的结果。

第二，性格分析报告展示的是你的性格倾向，而不是你的知识、技能、经验。

第三，MBTI提供的性格类型描述仅供测试者确定自己的性格类型，没有好坏之分，只有不同。每一种性格特征都有其价值和优点，也有其缺点和需要注意的地方。清楚地了解自己性格的优劣势，有利于更好地发挥自己的特长，尽可能地在为人处事中避免自己性格中的劣势，更好地和他人相处，更好地做出重要的决策。

第四，本测试分为 4 部分，共 93 道题；需时约 18 分钟。所有题目没有对错之分，请根据自己的实际情况选择。将你选择的“A”或“B”行所在的○涂黑，如●。

只要你认真、真实地填写了测试问卷，那么通常情况下你能得到一个和你的性格相匹配的类型。希望你能从中或多或少地获得一些有益的信息。

1. 哪一个答案最能贴切地描绘你一般的感受或行为？

序号	问题描述	选项	E	I	S	N	T	F	J	P
1	当你要外出一整天，你会： A．计划你要做什么和在什么时候做 B．说去就去	A							○	
		B								○
2	你认为自己是一个： A．较为随兴所至的人 B．较为有条理的人	A								○
		B							○	
3	假如你是一位老师，你会选择教： A．以事实为主的课程 B．涉及理论的课程	A			○					
		B				○				
4	你通常： A．与人容易混熟 B．比较冷静或矜持	A	○							
		B		○						
5	一般来说，你和哪些人合得来？ A．富于想象力的人 B．现实的人	A				○				
		B			○					
6	你是否经常让： A．你的情感支配你的理智 B．你的理智主宰你的情感	A						○		
		B					○			
7	在处理事情上，你喜欢： A．凭兴趣办事 B．按照计划行事	A								○
		B							○	
8	你是否： A．容易让人了解 B．难于让人了解	A	○							
		B		○						
9	按照程序表做事： A．合你心意 B．令你感到束缚	A							○	
		B								○
10	当你有一份特别的任务，你喜欢： A．开始前小心组织计划 B．边做边找须做什么	A							○	
		B								○

续表

序号	问题描述	选项	E	I	S	N	T	F	J	P
11	在大多数情况下，你会选择： A．顺其自然 B．按程序表做事	A								○
		B							○	
12	大多数人会说你是一个： A．重视自我隐私的人 B．非常坦率开放的人	A		○						
		B	○							
13	你宁愿被人认为是一个： A．实事求是的人 B．机灵的人	A			○					
		B				○				
14	在一大群人中，通常是： A．你介绍大家 B．别人介绍你	A	○							
		B		○						
15	你会和哪些人做朋友？ A．常提出新主意的 B．脚踏实地的	A				○				
		B			○					
16	你倾向： A．重视感情多于逻辑 B．重视逻辑多于感情	A						○		
		B					○			
17	你比较喜欢： A．根据事情发展情况制订计划 B．提前制订计划	A								○
		B							○	
18	你喜欢花很多的时间： A．一个人独处 B．和别人在一起	A		○						
		B	○							
19	与很多人在一起会： A．令你活力倍增 B．常常令你心力交瘁	A	○							
		B		○						
20	你比较喜欢： A．很早便把约会、社交聚集等事情安排妥当 B．无拘无束，看当时有什么好玩的就做什么	A							○	
		B								○
21	计划一个旅程时，你较喜欢： A．大部分的时间都是根据当天的感觉行事 B．知道大部分的日子会做什么	A								○
		B							○	
22	在社交聚会中，你： A．有时感到郁闷 B．常常乐在其中	A		○						
		B	○							
23	你通常： A．和别人容易混熟 B．喜欢独自一人待着	A	○							
		B		○						

续表

序号	问题描述	选项	E	I	S	N	T	F	J	P
24	哪些人会更吸引你？ A．一个思维敏捷及非常聪颖的人 B．实事求是，具有丰富常识的人	A				○				
		B			○					
25	在日常工作中，你会： A．颇为喜欢处理迫使你分秒必争的突发事件 B．通常预先计划，以免在压力下工作	A								○
		B							○	
26	你认为别人一般： A．要花很长时间才会认识你 B．用很短的时间便会认识你	A		○						
		B	○							

2. 在下列每一对词语中，哪一个词语更符合你心意？请仔细想想这些词语的意义，而不要理会它们的字形或读音。

序号	问题描述	选项	E	I	S	N	T	F	J	P
27	A．注重隐私　B．坦率开放	A		○						
		B	○							
28	A．预先安排的　B．无计划的	A							○	
		B								○
29	A．抽象　B．具体	A				○				
		B			○					
30	A．温柔　B．坚定	A						○		
		B					○			
31	A．思考　B．感受	A					○			
		B						○		
32	A．事实　B．意念	A			○					
		B				○				
33	A．冲动　B．决定	A								○
		B							○	
34	A．热衷　B．文静	A	○							
		B		○						
35	A．文静　B．外向	A		○						
		B	○							
36	A．有系统　B．随意	A							○	
		B								○
37	A．理论　B．肯定	A				○				
		B			○					
38	A．敏感　B．公正	A						○		
		B					○			

续表

序号	问题描述	选项	E	I	S	N	T	F	J	P
39	A. 令人信服　B. 感人的	A					○			
		B						○		
40	A. 声明　B. 概念	A			○					
		B				○				
41	A. 不受约束　B. 预先安排	A								○
		B							○	
42	A. 矜持　B. 健谈	A		○						
		B	○							
43	A. 有条不紊　B. 不拘小节	A							○	
		B								○
44	A. 意念　B. 实况	A				○				
		B			○					
45	A. 同情、怜悯　B. 远见	A						○		
		B					○			
46	A. 利益　B. 祝福	A					○			
		B						○		
47	A. 务实的　B. 理论的	A			○					
		B				○				
48	A. 朋友不多　B. 朋友众多	A		○						
		B	○							
49	A. 有系统　B. 即兴	A							○	
		B								○
50	A. 富有想象的　B. 以事论事	A				○				
		B			○					
51	A. 亲切的　B. 客观的	A						○		
		B					○			
52	A. 客观的　B. 热情的	A					○			
		B						○		
53	A. 建造　B. 发明	A			○					
		B				○				
54	A. 文静　B. 爱合群	A		○						
		B	○							
55	A. 理论　B. 事实	A				○				
		B			○					
56	A. 富同情　B. 合逻辑	A						○		
		B					○			
57	A. 具分析力　B. 多愁善感	A					○			
		B						○		
58	A. 合情合理　B. 令人着迷	A			○					
		B				○				

3. 哪一个答案最能贴切地描绘你一般的感受或行为？

序号	问题描述	选项	E	I	S	N	T	F	J	P
59	当你要在一个星期内完成一个大项目时，你在开始的时候会： A．把要做的不同工作依次列出 B．马上动工	A							○	
		B								○
60	在社交场合中，你经常会感到： A．与某些人很难打开话匣和保持对话 B．与多数人都能从容地长谈	A		○						
		B	○							
61	要做其他人也在做的事，你比较喜欢： A．按照一般认可的方法去做 B．构思一个自己的想法	A			○					
		B				○				
62	你刚认识的朋友能否说出你的兴趣？ A．马上可以 B．要待他们真正了解你之后才可以	A	○							
		B		○						
63	你通常较喜欢的科目： A．讲授概念和原则的 B．讲授事实和数据的	A				○				
		B			○					
64	哪个是对你较高的赞誉？ A．一贯感性 B．一贯理性	A						○		
		B					○			
65	你认为按照程序表做事： A．有时是需要的，但一般来说你不大喜欢这样做 B．大多数情况下是有帮助的而且是你喜欢做的	A								○
		B							○	
66	和一群人在一起，你通常会选择： A．和你很熟悉的个别人谈话 B．参与大伙的谈话	A		○						
		B	○							
67	在社交聚会上，你会： A．是说话很多的一个人 B．让别人多说话	A	○							
		B		○						
68	把周末期间要完成的事情列成清单，这个主意会： A．合你心意 B．使你无法提起精神	A							○	
		B								○
69	哪个是较高的赞誉？ A．能干 B．富有同情心	A					○			
		B						○		
70	你通常喜欢： A．事先安排你的社交约会 B．随兴之所至做事	A							○	
		B								○
71	总的说来，要做一项大型作业时，你会选择： A．边做边想该做什么 B．首先把工作按步细分	A								○
		B							○	

续表

序号	问题描述	选项	E	I	S	N	T	F	J	P
72	你能否滔滔不绝地与人聊天？ A．只限于和你有共同兴趣的人 B．几乎和任何人都可以	A		○						
		B	○							
73	你会： A．跟随一些证明有效的方法 B．分析还有什么问题及尚未解决的难题	A			○					
		B				○				
74	为乐趣而阅读时，你会： A．喜欢奇特或创新的表达方式 B．喜欢作者直话直说	A				○				
		B			○					
75	你宁愿替哪一类上司（或者老师）工作？ A．天性纯良，但常常前后不一的上司 B．言辞尖锐但永远合乎逻辑的上司	A					○			
		B				○				
76	你做事多数： A．看心情做 B．按照拟好的程序表做	A								○
		B							○	
77	你和人聊天时： A．可以和任何人按需求从容地交谈 B．只是对某些人或在某种情况下才可以畅所欲言	A	○							
		B		○						
78	要做出决定时，你认为比较重要的是： A．根据事实衡量 B．考虑他人的感受和意见	A					○			
		B						○		

4．下列每一对词语中，哪一个词语更符合你心意？

序号	问题描述	选项	E	I	S	N	T	F	J	P
79	A．想象的　　B．真实的	A				○				
		B			○					
80	A．仁慈慷慨的　B．意志坚定的	A						○		
		B					○			
81	A．公正的　　B．有关怀心	A					○			
		B						○		
82	A．制作　　B．设计	A			○					
		B				○				
83	A．可能性　　B．必然性	A				○				
		B			○					
84	A．温柔　　B．力量	A						○		
		B					○			
85	A．实际　　B．多愁善感	A					○			
		B						○		
86	A．制造　　B．创造	A			○					
		B				○				

续表

序号	问题描述	选项	E	I	S	N	T	F	J	P
87	A．新颖的　B．已知的	A				○				
		B			○					
88	A．同情　B．分析	A						○		
		B					○			
89	A．坚持己见　B．温柔且有爱心	A					○			
		B						○		
90	A．具体的　B．抽象的	A			○					
		B				○				
91	A．全心投入　B．有决心的	A						○		
		B					○			
92	A．能干　B．仁慈	A					○			
		B						○		
93	A．实际　B．创新	A			○					
		B				○				
每项总分										

5. 评分规则：

1）将○涂好后，把8项（E、I、S、N、T、F、J、P）分别加起来，并将总和填在每项最下方的方格内。

2）复查你的计算是否准确，然后将各项总分填在下面对应的方格内。

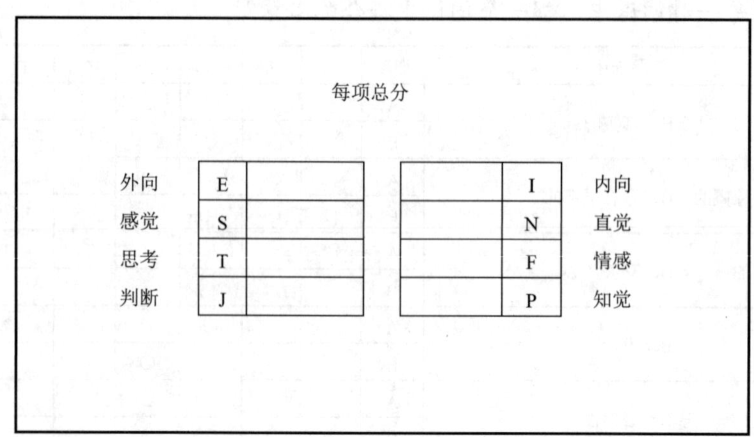

6. 类型规则：

1）MBTI以4个组别来评估你的性格类型倾向，即“E-I”“S-N”“T-F”“J-P”。比较4个组别的得分。每个组别中，获得较高分数的那个类型，就是你的性格类型倾向。例如，你的得分是E（外向）12分，I（内向）9分，那你的类型倾向便是E（外向）。

2）将代表获得较高分数的类型的英文字母填在下方的方格内。如果在一个组别中，两个类型获得的分数相同，则依据下边方格中的规则决定你的类型倾向。

评估类型

同分处理规则：假如 E=I，请填上 I；假如 S=N，请填上 N；假如 T=F，请填上 F；假如 J=P，请填上 P。

项目四 职业价值观探索

价值观就是我们在生活和工作中所看重的原则、标准或品质。它指向我们一生中最重要的东西，因此它也是一套自我激励机制。职业管理学家萨柏认为，职业价值观是个人追求的与工作相关的目标，亦即个人的内在需求及在从事活动时所追求的工作特质或属性，它是人生价值观在职业问题上的反映。

拥有清晰价值观的人往往会拥有远大的理想。李开复说他在大学时期就认为人生最大的意义就是做一个有影响力的人，因此他把成为一个有影响力的人作为自己的人生目标。在他以后的职业生涯中，所有关键点的抉择都是围绕着是否能够最大限度提高自己的影响力来进行的。他说："对我来说，人生目标不是一个口号，而是我最好的智囊，它曾多次帮助我解决工作和生活中的难题。"

任务一 价值观与职业

很多人在面对"你以后想找一份什么样的工作"这个问题的时候都有自己的想法，"轻松而薪水高"可能是大家都想要的结果，可是，当鱼和熊掌不能兼得的时候，你又会怎样选择呢？是选择稳定但薪水一般的工作，还是选择高风险和高回报的工作？每个人都会做出自己的抉择，而引导抉择的就是职业价值观。

大学生的职业价值观是大学生这一特殊群体对于职业评价、职业选择、职业价值取向等内容的总体看法，在一定程度上反映了大学生的择业方向和标准，并对他们的工作态度、工作积极性乃至整个社会的稳定和发展都有着重要的影响。

一、职业价值观对职业选择的作用

兴趣和性格等对职业发展有一定影响，事实上，价值观的作用甚至超过了兴趣和性格对职业的影响。因为价值观是个体最为核心的信念体系，影响着人们的处事行为和态度。例如，大学生在进行职业选择时会受到一定动机的支配，而择业的动机则是由价值观决定的。

人们在进行职业选择的过程中可能会考虑很多因素，当出现矛盾或冲突时，我们在做出放弃或者妥协决定的时候常常出于价值观的考虑。我们会思考自己真正想要的是什么，是金钱，是自我实现，还是其他。每个人的价值观不同，重视的东西也就不同，在职业选择过程中必然会做出不同的决定。

二、职业价值观对职业生涯的作用

根据美国心理学家亚伯拉罕·哈罗德·马斯洛（Abraham Harold Maslow）的需要层次理论，在不同阶段，人们有不同的目标。职业发展的过程是一个个目标实现、自我需要得到满足的过程，而自我价值得以实现是人类的最高需要，所以价值观在人们的职业生涯发展中起着极其重要的决定性作用。

有效的生涯决策与一个人对自己价值观的认知程度有关：我们对自己的价值观越清楚，生涯规划的过程就越顺利。所以，我们要不断审视和澄清自己的价值观，经常问自己想要的是什么样的生活，最在乎什么，最不能放弃的是什么，什么是值得自己付出努力去追求的目标。只有这样，生涯路上我们才可能更快乐地做自己。

三、职业价值观测验

在价值观的研究中，主要采用的是问卷法及通过使用价值观测量表来探索价值观。人们在现实生活中常常使用萨柏的职业价值观测验量表来进行测试。

问卷调查

职业价值观测验量表

说明：下面有 60 道题目，每道题目都有 5 个备选答案，请根据自己的实际情况或想法，在“答案”栏写出相应选项，每道题只能选择一个答案：A——非常重要（5 分）；B——比较重要（4 分）；C—— 一般（3 分）；D——较不重要（2 分）；E——很不重要（1 分）。通过测验，你可以大致了解自己的职业价值观倾向。

题号	题目	答案	题号	题目	答案
1	能参与救灾济贫工作		15	能成为你想成为的人	
2	能经常欣赏完美的工艺作品		16	能帮助贫困和不幸的人	
3	能经常尝试新的构想		17	能增添社会的文化气息	
4	必须花精力去深入思考		18	可以自由地提出新颖的想法	
5	在职责范围内有充分自由		19	必须不断学习才能胜任	
6	可以经常看到自己的工作成果		20	工作不受他人干涉	
7	能在社会扮演更重要的角色		21	我觉得自己的辛苦没有白费	
8	能知道别人如何处理事务		22	能使你更有社会地位	
9	收入能比相同条件的人高		23	能够分配调整他人的工作	
10	能有稳定的收入		24	能常常加薪	
11	能有清静的工作场所		25	生病时能受到妥善照顾	
12	主管善解人意		26	工作地点的光线和通风好	
13	能经常和同事一起休闲		27	有一个公正的主管	
14	能经常变换职务		28	能与同事建立深厚的友谊	

续表

题号	题目	答案	题号	题目	答案
29	工作性质常会变化		45	常让你觉得如鱼得水	
30	能实现自己的理想		46	能常帮助他人解决困难	
31	能够减少别人的苦难		47	能创作优美的作品	
32	能运用自己的鉴赏力		48	常需提出不同的处理方案	
33	常需要构思新的解决方法		49	需对事情深入分析研究	
34	必须不断地解决新的难题		50	可以自行调整工作进度	
35	能自行决定工作方式		51	工作结果受到他人肯定	
36	能知道自己的工作绩效		52	能自豪地介绍自己的工作	
37	能让你觉得出人头地		53	能为团体拟订工作计划	
38	可以发挥自己的领导能力		54	收入高于其他行业	
39	可使你存下许多钱		55	不会轻易地被解雇或裁员	
40	有好的保险和福利制度		56	工作场所整洁卫生	
41	工作场所有现代化设备		57	主管学识和品德让你钦佩	
42	主管能采取民主领导方式		58	能够认识很多风趣的伙伴	
43	不必和同事有利益冲突		59	工作内容随时间变化	
44	可以经常变换工作场所		60	能充分地发挥自己的专长	

计算所得分数，合计下表中对应题目的分数，分数高者表明自己倾向于对应的职业价值观。

对应题目	得分	职业价值观	对应题目	得分	职业价值观
1、16、31、46		利他主义	9、24、39、54		经济报酬
2、17、32、47		美的追求	10、25、40、55		安全稳定
3、18、33、48		创造发明	11、26、41、56		工作环境
4、19、34、49		智力激发	12、27、42、57		上司关系
5、20、35、50		独立自主	13、28、43、58		同事关系
6、21、36、51		成就满足	14、29、44、59		多样变化
7、22、37、52		声望地位	15、30、45、60		生活方式
8、23、38、53		管理权力			

四、树立自我价值观

从心理学的角度来看，价值观既是个体本质的、较为稳定的态度体系，又是个体个性倾向性的重要组成部分。价值观的 3 种表现形式为兴趣、信念、理想。树立自己的价值观，可参考以下几点。

1. 了解各种价值观

每个人树立价值观的方式方法不同，我们本身有着相对正能量的价值观，面对未来和挑战，可以通过阅读去了解。经典书籍中的价值观都是积极而值得借鉴的。

2. 学习好的思想

和有独立价值观的人交流可以帮助自己成长，他们通过自己所看到的、所经历的、所想的、所学的，总结出对价值的认知。当然，我们要学会不盲目认同，而是提出个人的见解，进行质疑或补充。

3. 要独立思考

我们常常会在微博上看到各种想法，或吐槽，或批评，或抵制……这时，我们可以尝试独立做一个评判，当然我们也清晰地认识到，任何没有确凿证据的极端言论都是有失公允的。

4. 找到属于你的信仰

宗教信仰有时候代表着一种价值观，这里所说的信仰并不仅限于宗教，我们可以树立自己的信仰，即对于某种精神、某种价值的认定和推崇，对于某种生活、某种姿态的渴望和追求。但是要记住，只有让自己真正觉得幸福的信仰才能称为信仰。

5. 多参加社会实践

理论上的价值观树立是不够的，我们很容易因为周围环境的影响而不断加固带有局限性的思想。去看看外面的世界，扩大你的视野，你会发现，事物有那么多可能性，我们坚持的很多东西其实并没有那么值得我们在乎，而我们忽略的很多东西往往是真正不可或缺的。

五、分析价值观的特性

价值观是人形成的一种关于某种价值的观念，具有持久、稳定的特点，而且会一直支配着人的日常行为和活动。个人价值观主要有以下 4 个特性。

1. 隐蔽性

企业出于宣传和管理的需要，一般会主动公开企业的价值观，并利用一切的场合和机会广而告之。相反，企业的员工一般不会主动袒露自己的价值观，也不会贸然刻意了解别人的价值观。

2. 差异性

人与人之间的差别主要在于思想观念，也就是价值观。从价值观的不同取向可以衡量一个人的思想境界和品位。法国作家罗曼·罗兰的价值观是“事业、友谊和爱情是人生的三大支柱”。匈牙利诗人裴多菲的价值观是“生命诚可贵，爱情价更高，若为自由故，两者皆可抛”。对于普通大众，“健康、快乐、平安”可能就是他们的基本价值观。

3. 稳定性

一个人价值观的形成不是一朝一夕的事，而是要经历一个“认知—自我评估—选择—强化—内化”的过程。一旦形成某种价值观就难以改变，呈相对稳定的状态。心理学的研究表明，人成长到 17 岁时，心智基本发育成熟，世界观基本成形。也就是说，已形成基本稳定的价值观。

4. 可塑性

价值观的稳定性是相对的，会随着时间的推移和环境的变化，特别是经历过一些事件后，个人价值观可能发生改变。事实上，每个人成长的过程就是其价值观体系不断构建和自我修正的过程。

案例分析

11 月 13 日，中国科学院博士生导师程某陷入困惑，他的博士生萧某突然放弃留校继续做科研的机会，与北京一所重点中学签约当数学老师。

1. 导师：他是我教过的最有天赋的学生

“他的选择让我很惊讶，我彻夜失眠也没想明白。他是我遇到过的最有天赋的学生。”程某盯着办公桌上他与萧某合著的英文书籍，眉头紧皱。程某称，萧某曾在系统控制领域的国际顶级专业期刊（IEEE TAC）上，以第一作者的身份发表数篇论文。“中国系统控制领域的博士生导师没有几人在这本期刊上发表过文章。”“我想当然地认为他会从事高端的科研。”程某说。

2. 网友：“钱学森之问”与自由选择

程某发表的公开信《今夜无眠》被科学网转载，引起网友热议。“为什么我们的学校总是培养不出杰出的科研人才？”“钱学森之问”再次成为关注的焦点。不过，也有一部分公众认为萧某有自由选择的权利，“中学老师的贡献不比高校科研人员低”。

3. 学生：唯一的原因就是没有兴趣

对于导师的不理解和网友的议论，萧某也在网上贴出长信，称“其实很简单，唯一的原因就是没有兴趣。没有兴趣还算是一个比较中性的词，我其实可以说我已经厌恶科研了”。“做科研太累，当我决定退出科研界的时候，心里是久违的无比的轻松。”“我肯定不是科研界需要的人才，对科研没有兴趣的人不可能做出真正有意义的成果，我希望自己是教育界需要的人才。”萧某对去中学当老师充满期待，他很喜欢教会别人知识的那种成就感。

4. 导师：博士教中学是人才分配的失衡

记者：为什么极力反对萧某放弃科研？

程某：他是我从事科研 30 多年来见过的最有天赋的学生，是科研界很少见的好苗子。他在清华大学读了四年本科，数学功底打得很扎实，头脑很灵活，他善于发现问题的实质，并提出解决方案，和他讨论数学是一种享受，他也非常勤奋。已经有三所国外的大学邀请他去读博士后，他的科研前途很光明，就这么放弃，太可惜了。

记者：你问过萧某对自己研究的领域感兴趣吗？

程某：这点我需要反思，我从来没有问过。我一直认为有兴趣才能做得好，能在国际顶级杂志上发表文章是一件很让人高兴的事情。我完全没有想到他对自己的研究成果不感兴趣，没有体会到成就感。这点到现在仍使我困惑。

记者：有人认为做中学老师的贡献并不比做科研的贡献低，你怎么看？

程某：我绝不怀疑中学教师的重要性，我的数学兴趣也是被几位中学教师培养起来的。但是我坚持认为博士当中学教师是一种浪费，特别是像萧某这样有天赋的理工科博士。他在博士阶段的积累几乎用不到中学教学中去，国家的投入、导师的心血、个人的努力，几乎白费。难道让他去和中学生讲微分流形、鞅不等式等知识？让博士们，特别是像萧某这样的优秀人才去教中学，是教育制度的失败、社会人才分配的失衡。

5. 博士：我只是被教育成听话的好孩子

记者联系到尚在美国访问留学的萧某，他表示已将自己的全部观点写在信中。

记者：老师对你的选择很失望，你怎么认为？

萧某：我深知程老师对我寄予厚望，我说出来他肯定是非常失望的，我甚至一直在想就这样坚持搞科研，但真正到了该抉择的时候，我还是自私地选择了自己的意愿。退出科研界是因为很累，也没有觉得自己是很有能力的人。（此前一直坚持搞科研）不是程老师强迫的，只是因为我从小被教育成“听话的好孩子”，只要别人给了我任务并且应该是我做的任务，不管我喜不喜欢，都会尽力去完成，不只是科研问题，甚至是帮实验室干杂活，我都是完成得既快又好。这样的结果导致了程老师以为我喜欢做科研。

记者：家人对你的选择是否支持？

萧某：11 月 11 日，我回姥姥家和家人开了一个会。他们并不是劝我赶紧去挣钱，而是我想问问他们对我选择中学这样一个地位不高、挣钱也不多还挺累的职业是否有意见。最后大家一致认为，我真的厌恶科研的话，坚持干一辈子科研一定不会幸福，而他们并不在意我的名利地位，感觉当中学老师也挺好。

记者：不少人认为博士去当中学教师屈才了，您怎么看？

萧某：我觉得我有足够能力应对中学数学的知识。这与我觉得完全没有能力做有价值的科研工作形成了鲜明的对比。我也很喜欢教会别人知识的那种成就感。我做过家教，我觉得当几个小时的家教比搞几个小时的科研舒服多了。寒假我还帮一个微积分挂科的大一孩子补了两天课，当她告诉我她补考得了 90 多分的时候，我很有成就感。此外，做教师比较稳定，虽然收入不高。我也真的是没有时间找其他工作，找工作的黄金时间因为我在美国访问留学错过了。

点评：每个人的价值观都不同，并随着社会环境和人的成长的变化而变化，我们不能仅凭其能力就对其职业做出规划，而是要根据其价值观做出合理规划；另外，要结合自身兴趣，做出符合自身要求和价值观的职业规划。

资料来源：新京报：博士逃离科研教中学遭质疑[EB/OL]．http://blog.stiencenet.cn/blog-39946-635486.html(2012-11-23)

任务二　价值观探索

一、真实价值观澄清调查

一个适应社会、身心健康、人格成熟的人应该清楚自己的价值观，并了解自己价值体系的建立过程与基础，且不断内省。价值观不仅影响人对事物的选择，也影响与他人的相处和沟通，最终影响人的生活和发展。在团体咨询过程中，确立正确的价值观，是各种目标的团体咨询必然采用的活动。

问卷调查

真实价值观澄清调查

我是否对这一价值感到骄傲（或珍视、爱护）？

我是否愿意公开维护这一价值——也就是说，在别人面前公开地为它辩护？

我是否在考虑了其他的价值之后才选择了这项价值？

我是否考虑了表达这项价值的后果？

我是否自主地选择了这项价值——也就是说，没有其他任何人或其他任何事情把这项价值强加给我？

我是否已经按照这项价值去行动？

我是否按照这项价值而前后一贯地行动或者重复某种行为模式？

如果我有 100 万元，我将＿＿＿＿＿＿＿＿＿＿＿＿＿＿＿＿＿＿＿＿

我所听到的或看到的最好的主意是＿＿＿＿＿＿＿＿＿＿＿＿＿＿＿＿

在这个世界上我唯一能改变的事情是＿＿＿＿＿＿＿＿＿＿＿＿＿＿＿

在生活中我最想得到的是＿＿＿＿＿＿＿＿＿＿＿＿＿＿＿＿＿＿＿＿

当＿＿＿＿＿＿＿＿的时候，我表现得最棒。

我最关心的是＿＿＿＿＿＿＿＿＿＿＿＿＿＿＿＿＿＿＿＿＿＿＿＿＿

我最想得到的是＿＿＿＿＿＿＿＿＿＿＿＿＿＿＿＿＿＿＿＿＿＿＿＿

我认为我父母希望我________________
在我生命中最大的喜悦是________________
最了解我的人认为我是________________
我相信________________
如果我只剩下24小时的生命，那我将________________
和我工作最好的人是________________
我的工作继续能给我________________
在学校的时候，我在________________的时候表现最为出色。
如果在一场大火中我只能救出一件东西，那么他将是________________
如果我能改变自身的一件事情，那它将是________________

课堂互动

互动一

目的：探讨并澄清价值观，以及通过交流，认清生活中最有价值的东西。

时间：60~80分钟。

准备：每小组（5~8人）一份材料及统计表。

操作：老师告诉学生：地球上发生了核战争，人类将要灭亡。但是，一位科学家发明了一个特别的核保护装置。如果谁能进入其中谁就能生存下去。现在有10个人，但是核保护装置里的水和食品、空间有限，只能容纳7个人。也就是说，只能有7人可以生存下去。请您决定谁应该活下去，谁只能面对死亡，为什么？并排出先后次序。10个人的情况如下：①小学老师；②小学老师怀孕的妻子；③职业棒球运动员；④12岁的少女；⑤外国游客；⑥优秀的警官；⑦年长的僧侣；⑧流行男歌手；⑨著名的小说家；⑩慢性病住院患者。

学生听完给定的情境后，认真思考，做出自己的选择。有的人会用排除法，先选出死亡者，有的人会先选出生存者。

学生将自己的选择及理由记下并在小组内部交流。为了获得小组一致的意见，全组充分讨论，各抒己见，个人可以在讨论后修正自己的意见。然后每个小组派小组代表在整个团体中介绍小组的决定及讨论情况。小组成员可保留自己的意见，到团体中再阐明。这个活动包括丰富的寓意，充分体现了每个成员的价值观及对未来社会的憧憬或理想。讨论并不求得出一致的结论，真正的目的在于在讨论过程中了解自己的价值观及他人的价值观，并通过他人的启发，调整自己的认识，认清生活中最重要、最有意义的是什么。

互动二

目的：明确自己的价值观，理解他人的价值观。

时间：30~40分钟。

准备：纸、笔。

操作：学生以5人为一组，想象自己的宿舍正被烈火吞噬，情况危急，时间只够冲进火海取出3件东西，你会选择哪3件？先后顺序是怎样的？为什么选择这3件？它们对你有什么价值？还有没有重要的物品不在抢救之列？为什么？思考后将其写在纸上。然后在小组内交流，告诉其他人你如此选择的原因。

二、价值观列表制作

表4-1中包含18项终极性价值观和工具性价值观，每种价值观都有相对应的简短的描述。测试时，让被试者按其对自身的重要性对两类价值系统分别排列顺序，将最重要的排在第1位，次重要的排在第2位，依次类推，最不重要的排在第18位。该量表可测得不同价值在不同的人心目中所处的相对位置或相对重要性程度。这种研究是把各种价值观放在整个系统中进行的，因而体现了价值观的系统性和整体性的作用。

表4-1　价值观列表

终级性价值观	工具性价值观
① 舒适的生活（富足、安宁）；	① 有抱负（雄心勃勃、辛勤工作、奋发向上）；
② 兴奋的生活（刺激的、积极的）；	② 心胸宽广（开放）；
③ 成就感（持续的贡献）；	③ 有才能（能力、效率）；
④ 世界和平（没有冲突和战争）；	④ 快活（轻松愉快）；
⑤ 美的世界（艺术和自然的美）；	⑤ 整洁（卫生、清洁）；
⑥ 平等（兄弟情谊、机会均等）；	⑥ 勇敢（坚持自己的信仰）；
⑦ 合家安宁（有能力照顾自己所爱的人）；	⑦ 宽恕（谅解他人）；
⑧ 自由（独立、自主的选择）；	⑧ 助人（为他人的福利而工作）；
⑨ 幸福（满足感）；	⑨ 诚实（正直、真挚）；
⑩ 内心平静（没有内心冲突）；	⑩ 富于想象（大胆、有创造力）；
⑪ 成熟的爱（性和精神上的亲密）；	⑪ 独立（自力更生、自给自足）；
⑫ 国家安全（免遭攻击）；	⑫ 有理智（有知识、善思考）；
⑬ 享乐（快乐、休闲的生活）；	⑬ 逻辑性（理性的）；
⑭ 拯救灵魂（救世的、永恒的生活）；	⑭ 钟情（博爱、温情、温柔）；
⑮ 自尊（自重）；	⑮ 服从（有责任感、尊重）；
⑯ 社会承认（他人的尊重和赞赏）；	⑯ 有教养（礼貌、性情好）；
⑰ 真正的友谊（亲密）；	⑰ 负责任（可靠的）；
⑱ 睿智（对生活有成熟的理解）	⑱ 自控（自律、约束）

三、工作价值拍卖

人生总要舍弃一些东西，才能得到一些东西，如果你能认清哪些是你内心最重视的，为了它，你可以做出哪些放弃，那么，你的选择会更明智，后悔会更少，离幸福也会更近。

课堂互动

目的：协助学生澄清个人的工作价值观。

时间：60～80 分钟。

准备：小锤子、价值拍卖清单。

操作：在价值拍卖清单中，列有 15 个与工作有关的价值项目。根据这些工作价值在自己心目中的优先地位排序。1 表示最重视，2 表示最不重视，填在下表中的第一栏内。假设你手里有 10 万元，对于各个工作价值项目，你愿意花多少钱购买？请将自己预估的数额在下表中第二栏内填写。

工作价值拍卖清单

工作价值项目	顺位	预估价	成交价	得标人	得标人的承诺
为大众福利尽一份力					
追求美感与艺术氛围					
寻求创意，发展新事物					
独立思考，分析事理					
有成就感					
独立自主，依己意行事					
受到他人推崇和尊敬					
发挥督导或管理他人的能力					
有丰厚的收入					
生活安定且有保障					
有良好舒适的工作环境					
与主管平等且融洽相处					
与志同道合的伙伴一起工作					
能选择自己喜爱的生活方式					
工作富有变化、不单调					

拍卖时，需注意：①不必每项都购买；②拍卖时，如果你想要对某一项出价，起价不得低于 1 万元；③拍卖时，可以更改原定的价码，但如果你想要加价，每次加价至少 1000 元。

四、工作价值观与职业类型

人往往具有多种价值观，在职业发展决策中，所选职业要能体现个人的核心价值观，见表 4-2。

表 4-2　职业价值观的类型、特征与适合从事的职业

职业价值观的类型	特征	适合从事的职业
自由型	不受别人指使，凭自己的能力拥有自己的小“城堡”，不愿受人干涉，想要充分施展本领	作家、编剧、演员等、心理咨询师
小康型	受尊敬欲望很强，追求虚荣，优越感也很强，渴望能有较高的社会地位和名誉，欲望得不到满足时，由于有过于强烈的自我意识，有时反而很自卑	各类检验、营销、行政岗位职员
支配型	想要当上组织的一把手，飞扬跋扈，无视他人的想法，为所欲为，且视此为无比快乐的事	行政主管、公务员、自主创业者、营销员
自我实现型	对诸如平常的幸福、一般的惯例等毫不关心，一心一意想要发挥个性、追求真理；不考虑收入、地位及其他人；非常在意自己的看法，尽力挖掘自己的潜力，施展自己的本领，并视此为有意义的生活	教师、医生、心理咨询师、各类科研人员及技术人员
志愿型	热心公益事业，富有同情心，把他人的痛苦视为自己的痛苦，不愿干表面上哗众取宠的事，把默默地帮助不幸的人视作无比快乐的事	教师、医生、心理咨询师、护士、福利机构工作者
技术型	认为立足社会的根本在于一技之长，因此专研一门技术，认为靠本事吃饭既可靠又稳当	医生、各类工程技术人员

生活中，我们要注意以下几个方面。

1）不要赶时髦、随大流。
2）不要一味地追求体面，过分强调职业的社会地位。
3）不要纯粹地图实惠，盲目追求高薪高酬的职业。
4）不要刻意寻找“时尚”，要看到发展趋势。
5）不要只图轻松，缺失事业心。
6）不要只求发展，一味地追求个人兴趣的满足。
7）不要狭隘地强调专业对口，压缩职业选择的空间。

五、价值观澄清测试

价值观澄清测试需要注意以下几个问题。

1. 珍视

1）你对一个职业有强烈的感觉并珍惜它吗？
2）你会在公共场合提到这个珍视的价值观，必要的时候会很确定地肯定它吗？

2. 选择

1）在选择一个职位之前你是否会考虑其他可能的选择？
2）在选择一个职位之前你是否会考察一个职位带来的结果？

3）你是否会独立于外界的压力选择一个职位，保持感受、思考和行动的一致？

3. 行动

1）你会用行动来支持你的感受和信念吗？

2）你是否始终如一地根据你的感受和信念来行动？

3）对你所选择的价值观：

① 你是否自主地选择了这项价值观，也就是说从来没有任何人和任何方面把它强加给你？

② 它是你从众多的价值观中挑选出来的吗？

③ 它是你在思考了所做选择的结果或后果后被挑选出来的吗？

4）它是一个如何让你珍视的价值观？

① 你是否为你选择的这一价值感到骄傲（珍视、爱护）？

② 你是否愿意公开地向其他人声明你的选择，也就是说，在别人面前公开地为它辩护？

5）你能按照如下方式践行你的价值观吗？

① 你是否能做一些与你选择的价值观有关的事情？

② 你是否能与你的价值观保持一致的行为模式？

问卷调查

价值观澄清测试

将以下 21 种个人价值观根据对你的重要程度进行排序；如果你有时间，可以把它们写在 21 张小卡片上，然后进行排序。之后，相信你将对自己的个人价值观有深入的认识和了解，你也将明了自己究竟想要什么，当你做完之后要与大家分享你的感受。

成就：成功；通过决心、坚持和努力而达到的结果。对“成就”一词的定义是“取得成功的结果，达到预定的目标”。

审美：为了美而欣赏、享受美。

利他：关心别人，为别人的利益献身。

自主：能独立地做出决定的能力。

创造性：产生新思想及革命性的设计。

情绪健康：能够克制焦虑的情绪，有效阻止坏脾气的产生；思绪平静，内心感觉安全。

健康：生命存在的条件，没有疾病和痛苦，身体总体条件良好。

诚实：公正或正直的行为，忠诚、高尚的品质或行为。

正义：无偏见，公平、正直，遵从真理、事实，理性，公平地对待他人。

知识：为了满足好奇心、运用知识或满足求知欲而寻求真理、信息或原则。

爱：建立在钦佩、仁慈基础上的感情；温暖的依恋、热情、献身；无私奉献，忠诚地接纳他人，为他人谋求益处。

忠诚：效忠于个人、团体、组织。

道德：相信并遵守道德标准。

身体外观：关心自己的容貌。

愉悦：一种惬意的感觉，伴随着对美好事物的期待和对伟大愿望的拥有而产生；不在于表面上的高兴，而在于内心的满足和喜悦。

权力：拥有支配权、权威或对他人的影响。

认可：由于他们的反应而感到自己很重要、很有价值；得到特别的关注。

宗教信仰：与神的交流，服从神，代表神行动。

技能：乐于有效使用知识、完成工作的能力，具有专门技术。

财富：拥有大量的物质财富，富足。

智慧：具有洞察内在品质和关系的能力，洞察力、智慧、判断力。

项目五　职业兴趣探索

任务一　兴趣与职业

一、兴趣

兴趣是人们力求认识、探究某种事物的心理倾向，它使人对有趣的事物进行关注和探索。兴趣在人的生活和工作中的作用巨大，它可以使人适应环境，对生活充满热情，对丰富知识、开发智力也有重要意义。在日常生活中，如果你喜欢参与自己感兴趣的活动，如看漫画、养鱼、种花、种草、唱歌、跳舞、滑冰、游泳、跑步、摄影、旅游、书法、写作、修表、服装设计、上网聊天、听歌、集邮、打球、购物、逛街等活动，即使时间不够用，你也很愉快、很满足，那么，这就是兴趣。

兴趣既可分为物质兴趣（对美味的食物、漂亮的衣服感兴趣）和精神兴趣（对文学、哲学、科学等的追求），也可分为直接兴趣（对活动本身发生的兴趣）和间接兴趣（对活动结果发生的兴趣）。

“兴趣是最好的老师”，对感兴趣的事，人们总是很愉快、很主动地去做，容易取得成功。一个人如果能够从事自己感兴趣的工作，那么工作对他来讲就是一种乐趣，而不是一种负担。职业兴趣对人的职业活动有着重要影响。在选择职业时，人们总会把自己是否对此感兴趣作为考虑因素之一。从事自己感兴趣的职业活动，可以激发强烈的探索和创造热情，可以在良好的体能、智能、情绪状态之下完成工作，可以在追求职业目标时表现出坚定、百折不挠的意志力。因此，大学生应该培养自己在多方面的兴趣爱好，努力发展自己的专长，在职业选择时，既有一个较广泛的适应范围，又有一个明确的发展方向。

案例分析

瑞××是某学院机电系大三的学生，她认为自己缺乏这方面的天赋，对机械、模具不感兴趣。读这个专业是在填报志愿时接受调剂的结果，不是她的意愿。“其实我很喜欢市场营销，我本来想读商学，可是事与愿违！”瑞××出生于湖南株洲的经商之家，她在这种商业氛围下长大，本身是一个性格活泼、头脑灵活的女孩，现在每天要面对一些枯燥无味的机械图、工程图、专业软件，不知道怎么应对。每当上课的时候，瑞××

"身在曹营心在汉";每次进行课程设计的时候,她就逃课。这样一来,她的专业成绩可想而知,几门需要补考是意料中的事。一想到还有两年就要毕业了,她开始着急了,再这样下去,她可能连毕业证也拿不到,怎么就业呢?瑞××很想找到解决问题的办法,于是决定咨询老师。

就业指导老师看到了问题的严重性:她不喜欢本专业,但专业又直接影响着她的将来。如果再不解决,她的前途令人担忧。由于反感机械专业,她对专业学习已经产生了抵抗心理,出现逃课、厌学等现象。对她来说,调整好自己,认清自己,重新做规划是当务之急。

首先,转专业已经不可能。虽然她很讨厌机械专业,可是如果放弃本专业,不仅大学毕业证书难拿到,而且以后进入社会求职也是非常困难。在职场中,企业看中的是从业人员的专业知识,专业知识才是职业人士在职场中的核心竞争力。如果瑞××不把握好自己的专业,她的大学毕业证书将会成为一张废纸。所以,无论如何讨厌机械专业,瑞××都不可以轻易放弃。她可以选修其他专业,增强自己的竞争力,提升自身的价值。其次,通过测评,可以发现瑞××确实具有市场营销人员的职业气质。她可以在这方面发展,有效利用自己的职业气质,发展自己的职业兴趣。而且瑞某可以边学习边兼职,锻炼自己的销售能力。同时,如今大学提倡大学生在校创业,瑞××还可以在大学边学习边做生意,多涉及一些领域,积累市场营销方面的专业知识和经验。但是,不能耽误学业。最后,要做好规划,有效协调两个专业的学习。在学好本专业知识的情况下,攻读市场营销专业知识,积累这方面的经验。这样可以使自己有"双重保障",不但可以拿到毕业证,也可以拥有良好的职业发展前景。对于瑞××来说,结合自己的专业兴趣,将模具产品的市场营销作为一个职业方向,将会有巨大的潜力可以发挥。

点评:大学生一定要认清自己的职业兴趣,在个人与职业之间找到一个结合点,进行职业定位。只有把个人的兴趣与工作高度结合起来才能创造出最高价值。真正的职业兴趣能够使人在逆境、挫折中保持工作激情,每个人从事他热爱的工作都可能取得成功。

二、约翰·霍兰德的职业兴趣理论

约翰·霍兰德(John Holland)是美国约翰·霍普金斯大学心理学教授,著名的职业指导专家。他在 1959 年就提出了具有广泛的社会影响的职业兴趣理论。他的基本观点是人们寻找这样的环境,可以让其施展才能,表达其态度和价值观,解决其愿意解决的问题,扮演适当的角色。人的行为表现由人格类型和其所处的环境相互作用决定。霍兰德的职业兴趣理论模型见图 5-1(图中阴影部分表示职业兴趣)。

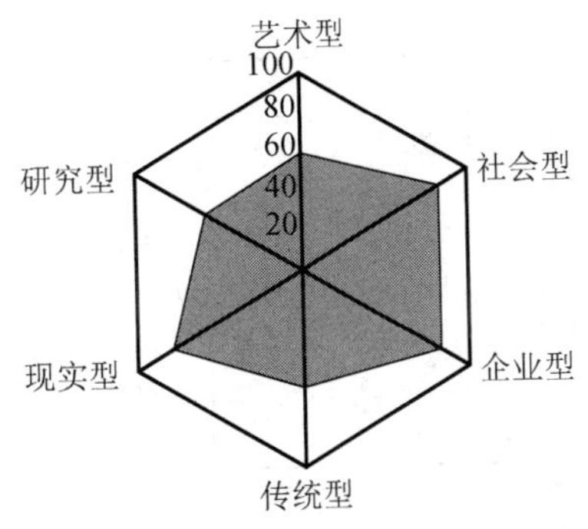

图 5-1 霍兰德的职业兴趣理论模型

霍兰德的职业兴趣理论的实质在于劳动者与职业的相互适应。霍兰德认为，同一类型的劳动与职业互相结合，便达到适应状态，结果是劳动者找到适宜的职业岗位，其才能与积极性会得以发挥。霍兰德的职业兴趣理论分为六大类，即现实型、研究型、艺术型、社会型、企业型、传统型；职业环境也分为六大类，人格与职业环境的匹配是形成职业满意度、成就感的基础。各个兴趣类型的特点及较为适宜的职业环境见表 5-1。

表 5-1 劳动者类型与职业类型对应

类型	劳动者类型特点及表现	职业说明及举例
现实型	此种类型的人具有顺从、坦率、谦虚、自然、坚毅、实际、有礼、害羞、稳健、节俭的特征，其行为表现： ① 愿意使用工具从事操作性工作； ② 动手能力强，做事手脚灵活，动作协调； ③ 不善言辞和交际	主要是指各类工程技术工作、农业工作。通常需要一定体力，需要运用工具或操作机器。 主要职业：工程师、技术员，机械操作、维修、安装工人，矿工、木工、电工、鞋匠等，司机，测绘员、描图员，农民、牧民、渔民等
研究型	此种类型的人具有分析、谨慎、批评、好奇、独立、聪明、内向、条理、谦逊、精确、理性、保守的特征，其行为表现： ① 抽象思维能力强，求知欲强，肯动脑，善思考，不愿意动手； ② 喜欢独立的和富有创造性的工作； ③ 知识渊博，有学识才能，不善于领导他人	主要是指科学研究和科学实验工作。 主要职业：自然科学和社会科学方面的研究人员、专家，化学、冶金、电子、无线电、电视、飞机等方面的工程师、技术人员，飞机驾驶员、计算机操作员等
艺术型	此种类型的人具有复杂、想象、冲动、独立、直觉、无秩序、情绪化、理想化、不顺从、有创意、富有表情、不重实际的特征，其行为表现： ① 喜欢以各种艺术形式的创作来表现自己的才能，实现自身的价值； ② 具有特殊艺术才能和个性； ③ 乐于创造新颖的、与众不同的艺术成果，渴望表现自己的个性	主要是指各类艺术创作工作。 主要职业：音乐、舞蹈、戏剧等方面的演员、艺术家编导、教师，文学、艺术方面的评论员，广播节目的主持人、编辑、作者，绘画、书法、摄影家，艺术、家具、珠宝、房屋装饰等行业的设计师等

续表

类型	劳动者类型特点及表现	职业说明及举例
社会型	此种类型的人具有合作、友善、慷慨、助人、仁慈、负责、圆滑、善社交、善解人意、说服他人、理想主义、富有洞察力等特性，其行为表现： ① 喜欢从事为他人服务和教育他人的工作； ② 喜欢参与解决人们共同关心的社会问题，渴望发挥自己的社会作用； ③ 比较看重社会义务和社会道德	主要是指各种直接为他人服务的工作，如医疗服务、教育服务、生活服务等。 主要职业：教师、保育员、行政人员，医护人员，衣食住行服务行业的经理、管理人员和服务人员，福利人员等
企业型	此种类型的人具有冒险、野心、独断、冲动、乐观、自信、追求享受、精力充沛、善于社交、获取注意、知名度等特性，其行为表现： ① 精力充沛、自信、善交际，具有领导才能； ② 喜欢竞争，敢冒风险； ③ 喜爱权力、地位和物质财富	主要是指那些组织与影响他人共同完成组织目标的工作。 主要职业：经理企业家、政府官员、商人、行业部门和单位的领导者、管理者等
传统型	此种类型的人具有顺从、谨慎、保守、自控、服从、规律、坚毅、实际稳重、有效率但缺乏想象力等特性，其行为表现： ① 喜欢按计划办事，习惯接受他人指挥和领导，自己不谋求领导职务； ② 不喜欢冒险和竞争； ③ 工作踏实，忠诚可靠，遵守纪律	主要是指各类与文件档案、图书资料、统计报表之类相关的各类科室工作。 主要职业：会计、出纳、统计人员，打字员，办公室人员，秘书和文书，图书管理员，导游，外贸职员，保管员，邮递员，审计人员，人事职员等

问卷调查

霍兰德职业兴趣测验

著名的霍兰德职业兴趣测验是现有的权威的测试类职业导向分析之一，方便大家针对自身个体类型对未来事业提早做好准备和规划。

测试目的：本测验将霍兰德代码（Holland codes）的6种个体类型比喻成岛屿，通过选择岛屿，洞察自己真正的个体类型，匹配自己所喜欢和不喜欢的职业内容，帮助自己把握好职业定位和方向。

测试题目：我们先来参观一下6个神奇的职业兴趣岛。

A岛——“美丽浪漫岛”：这个岛上到处是美术馆、音乐厅，弥漫着浓厚的艺术文化气息。岛民们保留着传统的舞蹈、音乐与绘画风俗。许多文艺界人士都喜欢来到这里开沙龙派对寻求灵感。

C岛——“现代井然岛”：处处耸立着的现代建筑，标志着这是一个进步的、都市形态的岛屿，岛上的户政管理、地政管理及金融管理都十分完善。岛民们个性冷静保守，处事有条不紊，善于组织规划。

E岛——“显赫富庶岛”：该岛经济高度发展，到处是高级饭店、俱乐部、高尔夫球场。岛民性格热情豪爽，善于从事企业经营和贸易活动。岛上往来者多是企业家、经理人、政治家、律师等。这些商界名流与上等阶层人士在岛上享受着高品质生活。

I 岛——“深思冥想岛”：这个岛平畴绿野，人少僻静，适合夜观星象。岛上有很多天文馆、科技博物馆、科学图书馆。岛民们最喜欢在自己的小房子里钻研学问、沉思冥想、探究真知。哲学家、科学家和心理学家在这里讨论学术、交流思想。

R 岛——“自然原始岛”：这是一个自然生态优良的绿色之岛。岛上不仅保留了热带雨林等原始生态系统，而且建立了相当规模的植物园、动物园、水族馆。岛民以手工制造见长，他们自己种植花果、栽培蔬菜、修缮房屋、打造器物，制作工具。

S 岛——“温暖友善岛”：这个岛的岛民都性情温和、乐于助人，人际关系十分友善。大家互助合作，重视教育后代。每个社区都能自成一个密切互动的服务网络，处处充满着人文关怀气息。

你总共有 15 秒回答以下问题：

1）如果你必须在 6 个岛中的一个岛上生活一辈子，成为这里岛民的一员，你第一会选择哪一个岛？

2）你第二会选择哪一个岛？

3）你第三会选择哪一个岛？

4）你最不愿意选择哪一个岛？

选好之后，依次记下这 4 个问题的答案。

测试分析：这 6 个岛事实上分别代表了 6 种职业类型，它们的描述以及矛盾关系如下：

A 岛——艺术型（artistic）与 C 岛——常规型（conventional）；

E 岛——企业型（enterprising）与 I 岛——研究型（investigative）；

R 岛——实用型（realistic）与 S 岛——社会型（social）。

问题 1 的答案体现了你最显著的职业性格特征、最喜欢的活动类型以及最喜欢（很可能是最适合）的大致职业范围。

反之，问题 4 的答案则是你最不喜欢的活动。

具体内容如下。

1. A 岛——艺术型

总体特征：属于理想主义者，具有独创的思维方式和丰富的想象力，直觉强烈，感情丰富。

喜欢的活动：喜欢创造和自我表达类型的活动，如音乐、美术、写作、戏剧。

喜欢的职业：总体来讲，喜欢“非精细管理的创意”类和创造类的工作，如音乐家、作曲家、乐队指挥、美术家、漫画家、作家、诗人、舞蹈家、演员、戏剧导演、广告设计师、室内装潢设计师。

2. C岛——常规型

总体特征：追求秩序感，自我抑制，顺从，防卫心理强，追求实际，回避创造性活动。

喜欢的活动：喜欢固定的、有秩序的活动，如组织和处理数据等。愿意在一个大的机构中处于从属地位，并希望确切知道工作的要求和标准。

喜欢的职业：总体来讲，喜欢有清楚的规范和要求的、按部就班、精打细算、追求效率的工作，如税务专家、会计师、银行出纳、簿记、行政助理、秘书、档案文书、计算机操作员。

3. E岛——企业型

总体特征：为人乐观，喜欢冒险，做事冲动，对自己充满自信，精力旺盛，喜好发表意见和见解。

喜欢的活动：喜欢领导和影响别人，或为达到个人或组织的目的而说服别人，成就一番事业。

喜欢的职业：总体来讲，喜欢运用领导能力、人际能力、说服能力来达成组织目标的职业，如商业管理者、市场或销售经理、营销人员、采购员、投资商、电视制片人、保险代理、政治运动领袖、公关人员、律师。

4. I岛——研究型

总体特征：自主独立，好奇心强烈，敏感，并且慎重，重视分析与内省，爱好抽象推理等智力活动。

喜欢的活动：喜欢独立的活动，如独自探索、研究、理解、思考需要严谨分析的抽象问题，独自处理一些信息、观点及理论。

喜欢的职业：总体来讲，喜欢以观察、学习、探索、分析、评估或解决问题为主要内容的工作，如实验室工作人员、物理学家、化学家、生物学家、工程师、程序设计员、社会学家。

5. R岛——实用型

总体特征：个性平和稳重，看重物质，追求实际效果，喜欢实际动手进行操作实践。

喜欢的活动：愿意从事事务性活动，如户外劳作或操作机器，而不喜欢待在办公室里。

喜欢的职业：总体来讲，喜欢与户外、动植物、实物、工具、机器打交道的工作内容，如农业、林业、渔业、野外生活管理业、制造业、机械业、技术贸易业、特种工程、军事工作。

6. S 岛——社会型

总体特征：洞察力强，乐于助人，善于合作，重视友谊，热情，关心他人的幸福，有强烈的社会责任感，总是关心自己的工作能对他人及社会做的贡献。

喜欢的活动：喜欢与别人合作的活动，帮助别人解决困难。

喜欢的职业：总体来讲，喜欢帮助、支持、教导类工作，如牧师、心理咨询员、社会工作者、教师、辅导员、医护人员、其他各种服务性行业人员。

为了更进一步分析，将问题 1 ~ 3 的答案依次排列，可形成一个不同岛屿的字母代码组合（如问题 1 ~ 3 的答案分别是 A 岛、C 岛、I 岛，组合起来就是 ACI），对照下表的“兴趣组合”一项，相应找出与自己的答案最接近的排列组合，即找到自己真正感兴趣的职业。问题 4 的答案将作为排除某些组合时参考标准。

兴趣组合及对应内容

兴趣组合	职业名称	职业类别	领域	职位层级
ACI	图书馆管理员	管理员	教育	技术员工
AER	艺术指导	艺术指导	戏剧表演	艺术指导
	设计师（服装/平面/室内）	设计师	艺术设计	设计师
	平面设计师	设计师	艺术设计	设计师
	室内设计师	设计师	艺术设计	设计师
AES	广告经理	经理	市场营销	管理人员
	表演歌手	歌手	戏剧表演	歌手
	作曲家	艺术家	戏剧表演	艺术家
	演员	演员	戏剧表演	演员
	制片人	制片人	戏剧表演	制片人
	导演	导演	制造加工	高级技术员工
	广告文案	广告人员	市场营销	广告人员
	漫画家	艺术家	艺术设计	艺术家
AIE	新闻记者	记者	媒体	记者
AIS	技术性作家	作家	媒体	作家
ARE	陈列设计师	设计师	艺术设计	设计师
	专业摄影师	摄影师	戏剧表演	摄影师
	摄影师	摄影师	媒体	摄影师
ARI	画家	艺术家	艺术设计	艺术家
	场景设计师	设计师	戏剧表演	设计师
	科学摄影师	摄影师	媒体	摄影师
ARS	产品设计师	设计师	艺术设计	设计师
	素描画家	艺术家	艺术设计	艺术家

续表

兴趣组合	职业名称	职业类别	领域	职位层级
ASE	广播电视播音员	播音员	媒体	播音员
	音乐指挥	艺术家	戏剧表演	艺术家
	编辑	编辑	媒体	编辑
ASI	艺术教师	大学教师	教育	教师
	语言教师	大学教师	教育	教师
	翻译	翻译	媒体	翻译
ASR	舞蹈演员	演员	戏剧表演	演员
CEI	预算分析师	顾问	财务	顾问
	审计师	顾问	咨询	顾问
	精算师	精算师	保险	顾问
	会计	会计	财务	员工
CRE	仓库管理员	管理员	物流	员工
	机场控制中心主管	主管	交通运输	管理人员
CRI	工程测量人员	测量人员	建筑工程	技术人员
	建筑监理	监理	建筑工程	管理人员
CRS	邮递员	邮递员	邮电服务	员工
	电话总机接线员	接线员	行政后勤	员工
CSR	设备工程师	工程师	制造加工	技术人员
EAS	公关顾问	顾问	咨询	顾问
ECR	经理（物流/仓储）	经理	物流	管理人员
	生产经理	经理	制造加工	管理人员
	HR 主管（福利/培训/招聘）	经理	人力资源	管理人员
	旅游代理人	代理人	旅游休闲	代理人
	保险销售员	销售员	保险	销售人员
EIC	工业工程师	工程师	制造加工	技术员工
EIS	保险理赔人员	保险人员	保险	普通员工
ERC	生产线线长	主管	制造加工	基层管理人员
	建筑项目经理	经理	建筑工程	管理人员
	司机管理员	主管	交通运输	基层管理人员
	维修主管	主管	客户服务	管理人员
ERI	销售工程师	工程师	市场营销	技术员工
ERS	教练	教练	体育	教练
	产品演示人员	销售员	市场营销	销售人员
	精密设备销售人员	销售员	市场营销	销售人员
ESA	经纪人	经纪人	个人服务	经纪人
ESC	HR 经理	经理	人力资源	管理人员
ESI	法官	法官	法律	法官

续表

兴趣组合	职业名称	职业类别	领域	职位层级
ESR	警察	警察	社会安全	警察
	医疗设备销售员	销售员	市场营销	销售人员
	零售人员	销售员	市场营销	销售人员
	官员	官员	政治	管理人员
	首席执行官	执行官	管理运营	高层管理人员
	经理（销售/市场/客户服务）	经理	市场营销	管理人员
	经理（行政）	经理	行政后勤	管理人员
	经理（财务）	经理	财务	销售人员
	会务人员	会务人员	行政后勤	员工
	电话销售员	销售员	市场营销	销售人员
ICA	数学家	科学家	科学研究	科学家
ICE	HR 顾问	顾问	管理	顾问
	财务分析师	顾问	财务	
ICR	技术支持工程师	工程师	IT 设计	技术员工
	统计学家	科学家	科学研究	科学家
	系统分析师	顾问	IT 设计	顾问
	工业工程技术人员	技术员	制造加工	技术员工
	药剂师	医务人员	医疗	医务人员
IEC	管理顾问	顾问	咨询	顾问
	计算机安全工程师	工程师	IT 设计	技术员工
IES	营养专家	顾问	服务	顾问
IRA	材料工程师	工程师	材料科学	高级技术员工
	生物工程师	工程师	生命科学	高级技术员工
IRC	计算机程序员	工程师	IT 设计	技术员工
	IT 实施工程师	工程师	IT 设计	技术员工
	计算机安全专家	顾问	IT 设计	顾问
	化学工程师	工程师	能源/化工	技术员工
	电子工程师	工程师	电子电器	技术员工
IRE	网络工程师	工程师	IT 设计	技术员工
IRS	外科医生	医生	医疗	高级医务人员
	牙医	医生	医疗	高级医务人员
ISA	临床助理	医生助理	医疗	技术员工
	生命科学教师	大学教师	教育	教师
	保健教师	教师	教育	教师
RAC	建筑制图员	技术人员	建筑工程	基层员工
	玻璃雕刻师	工艺员工	艺术设计	技术员工
	装订员	操作人员	印刷/包装	基层员工

续表

兴趣组合	职业名称	职业类别	领域	职位层级
RAI	建筑师	工程师	建筑工程	高级技术员工
	音响师	操作人员	媒体/娱乐	高级技术员工
RCE	制版员	操作人员	印刷包装	基层员工
	食品加工工人	操作人员	食品	基层员工
	通信设备安装人员	技术员	信息通信	技术员工
	商业设备安装人员	技术员	IT 设计	技术员工
	裁判	裁判	体育	体育人员
RCI	制图工程师（电子）	工程师	电子电器	技术员工
	制图工程师（机械）	工程师	机械自动化	技术员工
	机械测量人员	技术员	机械自动化	技术员工
	精密制造（加工）操作员	操作人员	制造加工	技术员工
	制造系统维护员	操作人员	制造加工	技术员工
	数控设备程序员	工程师	制造加工	高级技术员工
	机械设备（含汽车）维修人员	技术员	机械自动化	技术员工
	电子电器（含计算机）维修人员	技术员	电子电器	技术员工
REC	轮船工程师	工程师	交通运输	技术员工
	船长	船长	交通运输	管理层
	列车长	列车长	交通运输	管理层
REI	客机飞行员	技术人员	交通运输	技术员工
RIC	计算机硬件工程师	工程师	IT 设计	技术员工
	电气工程师	工程师	工程类	技术员工
	海洋工程师	工程师	工程类	技术员工
	机械工程师	工程师	工程类	技术员工
	电子电器技工	技术工人	工程类/生产类	技术员工
	机械装配员	生产人员	制造	基层技术员工
	机械技师	技师	制造	技术员工
	飞机维护员	技师	交通	技术员工
	系统软件工程师	工程师	IT 设计	高级技术员工
	土木工程师	工程师	建筑工程	技术员工
RSE	消防员	公共安全人员	公共事务	基层员工
SAE	职业咨询师	顾问	个人服务	顾问
	商业教师	大学教师	教育	教师
	播音员	播音员	媒体	播音员
SAI	幼儿教师	幼儿教师	教育	教师
SEA	学校辅导员	顾问	个人服务	顾问
SEC	个人理财顾问	顾问	个人服务	顾问
	培训发展顾问	顾问	企业服务	顾问

续表

兴趣组合	职业名称	职业类别	领域	职位层级
SEI	中小学校长	校长	教育	校长
	职业健康专家	顾问	企业服务	顾问
SIA	心理咨询师	顾问	个人服务	顾问
	小学教师	小学教师	教育	教师
	经济学教师	大学教师	教育	教师
SIC	助教	大学教师	教育	教师
SIR	护士	护士	医疗	医务人员
SRI	体能教练	教练	体育	教练
	理疗医生	医生	医疗	高级医务人员
	食疗专家	顾问	个人服务	顾问

问卷调查

兴 趣 测 评

本问卷共 90 道题目，每道题目是一句陈述，根据自己的真实情况对这些陈述进行评价，如果陈述符合实际情况就在相应的题目前打“√”，否则打“×”，不要漏答。

1. 强壮而敏捷的身体对我很重要。
2. 我必须彻底地了解事情的真相。
3. 我的心情受音乐、色彩、写作和美丽事物的影响极大。
4. 和他人的关系丰富了我的生命并使它有意义。
5. 我自信会成功。
6. 我做事时必须有清楚的指引。
7. 我擅长自己制作、修理东西。
8. 我可以花很长的时间去想通事情的道理。
9. 我重视美丽的环境。
10. 我愿意花时间帮别人解决个人危机。
11. 我喜欢竞争。
12. 我在开始一个计划前会花很多时间去计划。
13. 我喜欢使用双手做事。
14. 探索新构思使我满意。
15. 我总是寻求新方法来发挥我的创造力。
16. 我认为能把自己的焦虑和别人分担是很重要的。
17. 成为群体中的关键人物对我很重要。
18. 我对于自己能重视工作中的所有细节感到骄傲。

19. 我不在乎工作时把手弄脏。
20. 我认为教育是一个发展及磨炼脑力的终身学习过程。
21. 我喜欢非正式的穿着，尝试新颜色和款式。
22. 我常能体会到某人想要和他人沟通的需要。
23. 我喜欢帮助别人不断改进。
24. 我在做决策时，通常不愿冒险。
25. 我喜欢购买小零件，将其做成成品。
26. 有时我可以长时间地阅读，玩拼图游戏，或冥想生命的本质。
27. 我有很强的想象力。
28. 我喜欢帮助别人发挥天赋和才能。
29. 我喜欢监督事情直至完工。
30. 如果我将面对一个新环境，我会在事前做好充分的准备。
31. 我喜欢独立完成一项任务。
32. 我渴望阅读或思考任何可以引发我好奇心的东西。
33. 我喜欢尝试创新的概念。
34. 如果我和别人发生摩擦，我会不断地尝试化干戈为玉帛。
35. 要成功，就必须制订高目标。
36. 我不喜欢为重大决策负责。
37. 我喜欢直言不讳，不喜欢转弯抹角。
38. 我在解决问题前，必须彻底分析问题。
39. 我喜欢重新布置我的环境，使它们与众不同。
40. 我经常借着和别人的交谈来解决自己的问题。
41. 我常起草一个计划，而由别人完成细节。
42. 准时对我而言非常重要。
43. 从事户外活动令我神清气爽。
44. 我不断地问为什么？
45. 我喜欢自己的工作能够抒发我的情绪和感觉。
46. 我喜欢帮助别人找出可以互相关注其他的方法。
47. 能够参与重大决策是一件令人兴奋的事。
48. 我经常保持整洁，喜欢有条不紊。
49. 我喜欢周边环境简单而实际。
50. 我会不断地思索一个问题，直到找出答案为止。
51. 大自然的美深深地触动我的灵魂。
52. 亲密的人际关系对我很重要。
53. 升迁和进步对我是极重要的。
54. 当我把每日工作计划好时，我会较有安全感。

55. 我非但不害怕过重的工作负荷，并且知道工作的重点。
56. 我喜欢能使我思考、给我带来新观念的书。
57. 我期望能看到艺术表演、戏剧及好电影。
58. 我对别人的情绪低潮相当敏感。
59. 能影响别人使我感到兴奋。
60. 当我答应做一件事时，我会竭尽所能地做好所有细节。
61. 我希望笨重的体力工作不会伤害任何人。
62. 我希望能学习所有使我感兴趣的科目。
63. 我希望能做些与众不同的事。
64. 我对于别人的困难乐于伸手援助。
65. 我愿意冒一点危险以求进步。
66. 当我遵循规则时，我感到安全。
67. 我选车时，最先注意的是好的引擎。
68. 我喜欢能刺激我思考的对话。
69. 当我从事创造性事务时，我会忘掉一些旧经验。
70. 我对于社会上有许多人需要帮助予以关注。
71. 说服别人依计划行事是一件有趣的工作。
72. 我擅长检查细节。
73. 我通常知道如何应付紧急事件。
74. 阅读新发现的书是一件令人兴奋的事。
75. 我喜欢美丽、不平凡的事。
76. 我经常关心孤独、不友善的人。
77. 我喜欢讨价还价。
78. 我花钱时小心翼翼。
79. 我用运动来保持强壮的身体。
80. 我经常对大自然的奥秘感到好奇。
81. 尝试不平凡的新事物是一件相当有趣的事。
82. 当别人向我诉说他的困难时，我是一个好听众。
83. 做事失败了，我会再接再厉。
84. 我需要确切地知道别人对我的要求是什么。
85. 我喜欢把东西拆开，看是否能够修理它们。
86. 我喜欢研读所有事实，再有逻辑性地做决定。
87. 没有美丽事物的生活，对我而言是不可思议的。
88. 人们经常告诉我他们的问题。
89. 我常能借着通信网络和别人取得联系。
90. 小心谨慎地做一件有成就感的事。

测试结果：

下表中的数字代表上列兴趣测验中的题号。请你将自己的答案用“√”或“×”画在各数字上。

霍兰德职业兴趣测验统计表

现实型	研究型	艺术型	社会型	企业型	传统型
1	2	3	4	5	6
7	8	9	10	11	12
13	14	15	16	17	18
19	20	21	22	23	24
25	26	27	28	29	30
31	32	33	34	35	36
37	38	39	40	41	42
43	44	45	46	47	48
49	50	51	52	53	54
55	56	57	58	59	60
61	62	63	64	65	66
67	68	69	70	71	72
73	74	75	76	77	78
79	80	81	82	83	84
85	86	87	88	89	90

计算出每种类型打“√”项目的总数，并将它填在下面的横线上。

现实型______　研究型______　艺术型______

社会型______　企业型______　传统型______

将上述分数，从最高到最低依次排好，并将其填在下面的横线上：

第一高分______　第二高分______　第三高分______

第四高分______　第五高分______　第六高分______

计算出每种类型打“×”项目的总数，并将其填在下面的横线上：

现实型______　研究型______　艺术型______

社会型______　企业型______　传统型______

这个测试注重个人特质与未来工作世界的配合，被辅导者得到一组测验结果后，可借助一些明确的方向继续进行职业生涯的探索，因而有利于引导个体走向主动积极的动态探索过程。而且，个体是有所依据地在某个特定职业群里进行探索，为个人提供的是与个人兴趣相近而内容互有关联的一些职业，这样可避免冒险地建议个人只选择一种职业。

三、分析兴趣与职业生涯的关系

兴趣与职业生涯的关系主要表现在以下 3 个方面。

1. 兴趣是职业生涯选择的重要依据

正像你在日常生活中喜欢从事自己感兴趣的活动一样，具有一定兴趣类型的你更倾向于寻找与此有关的职业（类型），特别是在外界环境限制较小时，你更倾向于选择自己感兴趣的职业。因而，你对兴趣或兴趣类型有了正确的评估后，就可以预测或帮助你选择职业生涯。

2. 兴趣可以增强职业生涯适应性

因为兴趣可以通过工作动机促进你发挥能力，兴趣和能力的合理结合会大大提高工作效率。曾有人进行过研究：如果从事自己感兴趣的职业，则能发挥全部才能的80%～90%，而且长时间保持高效率工作也不会感到疲劳；而对所从事的工作没有兴趣，只能发挥全部才能的20%～30%。

3. 兴趣影响工作满意感和稳定性

在某些情况下（如不考虑经济因素），兴趣对工作甚至具有决定性作用。一般来说，从事自己不感兴趣的职业很难让人感到满意，并由此导致工作的不稳定。什么是兴趣呢？兴趣是力求认识、掌握某种事物，并经常参与该种活动的心理倾向；或者说，兴趣是积极探究某种事物的认识倾向。对某种职业感兴趣，就会对该种职业活动表现出肯定的态度，并积极思考、探索和追求。

任务二 兴趣探索

兴趣可分为物质的兴趣、精神的兴趣和社会的兴趣。物质的兴趣与需要相关联，表现为对物质的迷恋和追求，如收藏的兴趣；精神的兴趣主要是指对文化、科学、艺术的迷恋和追求，如写作、绘画、书法、摄影、发明创造等兴趣；社会的兴趣主要是指对社会工作和组织活动等的迷恋和追求。兴趣又可分为直接兴趣和间接兴趣。你喜欢跳舞、打球，可能是因为这些活动本身对你有吸引力，通过这些活动你会获得愉快和满足。这种对活动本身的兴趣就是直接兴趣。你可能感到学建筑是一件很枯燥的事情，但对它仍然有很浓的兴致，这并不是学建筑本身会给你带来轻松愉快，而是毕业后可以做施工员、项目经理，继续考一级建造师，可以找到称心的工作，是这些结果在吸引你学习。这种对活动结果的兴趣就是间接兴趣。直接兴趣和间接兴趣既可以互相转化，也可以相互结合，从而更有效地调动你的积极性。

你在选择职业生涯时，不仅需要知道自己有能力从事何种工作，也需要知道自己对哪类工作感兴趣并能满足自己的爱好。只有将能力和爱好结合起来考虑，才更有可能使职业生涯成功。获得诺贝尔物理奖的华人丁肇中说过：“兴趣比天才重要。”

一个人假如能根据自己的爱好选择职业，他的主动性将会得到充分发挥。即使十分倦怠和辛劳，也总是兴致勃勃、心情愉快；即使困难重重也绝不灰心丧气，而是能想尽办法地去克服它，甚至废寝忘食、如痴如醉。

例如，爱迪生几乎天天在实验室里工作十几个小时，在那里吃饭、睡觉，但丝毫不以为苦。“我一生中从未间断过一天工作。”他宣称，“我天天其乐无穷。”难怪他会成功。又如，英国女生物学家古道尔从小喜欢生物，并逐渐对黑猩猩产生了强烈爱好，于是她不畏艰险，只身进入热带森林与黑猩猩一起“生活”了 10 多年，把握了极其宝贵的第一手资料，为揭开黑猩猩的秘密做出了贡献；化学家诺贝尔冒着生命危险研制炸药，终于取得了最后的成功……

美国曾对两千多位科学家进行调查，发现很少有人出于谋生的目的而工作，他们大多出于个人对某一领域问题的强烈爱好而孜孜以求，不计名利报酬，忘我地工作，他们的成功是与他们的爱好相联系着的。

爱好是成功的一个重要的推动力，它能将你的潜能最大限度地调动起来，使你长期专注于某一方向，做出艰苦的努力，取得令人瞩目的成绩。

爱好的发生和发展一般要经历这样一个过程：有趣—乐趣—志趣。

有趣是爱好过程的第一个阶段，也是爱好发展的低级阶段，它往往短暂易逝，非常不稳定。处于这一阶段的爱好经常与你对某一事物的新奇感相联系，随着这种新奇感的消失，爱好也会自然地逝去。

乐趣是爱好过程的第二个阶段，它是在有趣定向发展的基础上形成的，是爱好发展的中级阶段。在这一阶段中，学生的兴趣变得专一、深入，如喜爱文学的学生很可能会沉溺于文学作品中。

志趣是爱好发展过程的第三个阶段，当乐趣同你的社会责任感、理想、奋斗目标结合起来时，乐趣便变成了志趣。志趣是你取得成就的根本动力，是成功的重要保证。

爱好是在一定需要的基础上，在社会实践中形成的，实际上是需要的延伸。关于需要的理论，心理学家也有许多论述，其中较为闻名的是马斯洛的需要层次理论，他把人的需要分成生理需要、安全需要、社会需要、尊重需要和自我实现需要 5 个层次。

由于人的需要是复杂多样的，从而决定了人的爱好也是多种多样的。有的人好动手，有的人好动脑；有的人喜欢与人打交道，有的人喜欢与物打交道；有的人喜欢独自钻研，有的人喜欢集体协作……这些爱好会直接影响到一个人的职业生涯。

爱好是适应职业生涯的一个基本方面，可以为职业生涯提供有效的信息。爱好主要用于猜测你的工作满足感和工作稳定性，工作满足是职业生涯适应的一大标志。

爱好不代表能力，你爱好某一特定职业并不意味着你能胜任这类职业；同样，假如你具有从事某项工作的能力但缺乏爱好，那么你在该职业生涯上成功的可能性也是非常小的。你只有对某一种职业生涯产生喜爱，并具有该职业生涯所要求的能力才能做好这项工作。

项目六 职业能力探索

任务一 能力与职业

职业能力是完成本职工作的能力，包括专业能力、方法能力和社会能力。大学生应正确认识自己的能力，个人的能力必须与他所从事的职业相匹配。例如，教师必须有较强的语言表达能力；市场营销人员必须有善于与人打交道的沟通能力；广告人员必须具备思路敏捷的能力；钢琴老师必须有迸发灵感的能力……做任何事都要有自己所从事职业的能力。

一、能力的分类

能力包含一般能力和特殊能力。一般能力是指一个人完成大多数活动所必备的能力，包括以思维能力为核心的观察能力（对事物的观察、理解和判断等）、记忆能力（记忆的速度、准确性、持久性等）、思维能力（对事物的分析、综合、抽象和概括等）、想象能力（想象的生动性、新颖性等）和语言表达能力（语言的丰富性、流畅性等）。这种能力集中体现在认知活动中，也就是智力。特殊能力是指顺利完成某种特殊活动所必备的专门能力。

在人的成长过程中，一般能力和特殊能力有机结合，一般能力是各种特殊能力形成和发展的基础，而特殊能力也会促进一般能力的更好发展与表现。人们要有效率地完成各项活动，完成预期目标，事业上取得成就，既要以一般能力为基础，又要有特殊能力的参与。

个体的职业能力越强，竞争力就越强，就越能促进人在职业活动中的创造和发展，由此取得更好的工作绩效和业绩，给个人带来职业成就感。

二、一般能力倾向测验

在招聘会现场，对照用人单位列出的招聘要求，一些大学毕业生会对自己说：“我不行的，从来没有学过，我没有能力做！”真的没有能力做吗？答案是“未必”。对有些同学来说，缺乏的不是能力，而是对自己能力以及对职业所需要的能力的了解。对于自己从事某种职业或活动的潜在能力的了解，我们可以通过能力测验达到。

能力有一般能力和特殊能力之分，因此，职业能力测验可有一般能力倾向测验和特殊能力倾向测验。一般能力倾向测验主要测量思维力、想象力、记忆力、推理力、分析力、数学能力、空间关系能力、语言能力等，典型方法有一般能力倾向测验（General Optitude Test Battery，GATB）、区分性能力倾向测验（Differential Aptitude Tests，DAT）；特殊职业能力测验主要测量独特于某一职业的能力，典型方法有明尼苏达办事员能力测验、斯奈伦视力测验、西肖音乐能力测验、梅尔艺术鉴赏测验、飞行能力测验等。接下来我们介绍的是一般能力倾向测验。

美国劳工部编制的 GATB 是目前世界上应用较广的能力倾向测验。该测验由 12 个分测验组成，每个分测验指向不同的能力倾向，包括一般智力、言语能力、数理能力、空间能力、形状知觉、文书知觉、运动协调性、手腕灵巧度、手指灵巧度 9 种能力倾向，它们对完成各种职业的工作都是必要的，见表 6-1 和表 6-2。

表 6-1 9 种职业能力倾向

分类	含义
G（智能，即一般智力）	一般的学习能力。对测验说明、指导语和诸原理的理解能力、推理判断的能力、迅速适应新环境的能力
V（言语能力）	理解言语的意义及与它关联的概念，并有效地掌握它的能力。对言语相互关系及文章和句子意义的理解能力，也包括表达信息和自己想法的能力
N（数理能力）	在正确快速进行计算的同时，能进行推理，解决应用问题的能力
S（空间能力）	对立体图形以及平面图形与立体图形之间关系的理解、判断能力
P（形状知觉）	对实物或图解之细微部分正确知觉的能力。根据视觉能够对图形的形状和阴影部分的细微差异进行比较辨别的能力
Q（文书知觉）	对词、印刷物、各种票类之细微部分正确知觉的能力。能直观地比较辨别词和数字，发现有错误或校正的能力
K（运动协调性）	正确而迅速地使眼和手协调，并迅速完成操作的能力。要求手能跟随着眼能看到的东西正确而迅速地做出反应动作，并进行准确控制的能力
F（手指灵巧度）	快速而正确地活动手指，用手指很准确地操作细小东西的能力
M（手腕灵巧度）	随心所欲地、灵巧地活动手及手腕的能力，如拿着、放置、调换、翻转物体时手的精巧运动和腕的自由运动能力

表 6-2 GATB 的 12 个分测验

测验项目	测验目的
名称比较（name comparison）	检查学生书写知觉能力，测量学生对简单知觉任务的反应速度。要求学生指出给予的两个名称是否完全一样或者它们在哪些细节上不同
计算（computation）	让学生快速进行简单试题运算，检查他们的计算能力。要求学生迅速和准确地进行加减乘除的算式运算
三维空间（three-dimensional space）	检查学生对空间图形的判断和推理能力。在一个平面图上标出虚线，要求学生指出按虚线折叠可以折成 4 个三维形状中的哪一个
词汇（vocabulary）	通过快速找出同义词或近义词，检查学生对词汇的理解能力。要求学生在 4 个一组的单词中找出成对的同义词或近义词
工具相配（tool matching）	检查学生对形状知觉的能力。给予学生一个工具图形作为刺激物，要求他们从几个差别很小的图形中选出与刺激物相同的图形

续表

测验项目	测验目的
算术推理（arithmetic reasoning）	通过解答应用题来检查学生数学推理的能力。要求学生理解文字叙述的应用题并运算
形状相配（form matching）	检查学生形状知觉的能力。给学生一张图纸作为刺激物，图纸上有各种形状的图案，要求学生在应答表上把与刺激物形状相同的图案选出来
做记号（mark making）	鉴定学生手眼协同性及其反应速度。要求学生在答案纸上的一组格子中画出一个特定的符号，组成一个简单的图案，观察学生在 60 秒内准确填写该符号的格子数目
放置（place）	有两块钉板，上面有若干孔，其中一块板上插满栓子，要求学生用双手把置于一块板上各个孔内的栓子移到另一块板上，测验需做 3 次，根据 3 次移动栓子的总数评分
转动（turn）	仍旧用放置中的两块钉板，要求学生用比较灵活的那只手从一块钉板上拔出一个栓子，在手中旋转 180°，再把这个栓子的另一端重新插到孔内，测验需做 3 次，根据转动过栓子的总数评分
装配（assemble）	将一块板分成两头，每一头都有 50 个孔，在其中一头的每一个孔里放一个铆钉，在一个转轴里放一个垫圈。要求学生用一只手拿起一枚铆钉，另一只手拿起一个垫圈，把垫圈套在铆钉上，然后把它们放置在这块板上另一头相应的孔内，在 90 秒内，要尽可能多地把铆钉和垫圈装配起来并放入孔中，观察学生完成的件数
拆卸（disassemble）	在 90 秒内，要求学生拆卸装配好的铆钉和垫圈，然后把它们放回最初的位置，观察学生拆卸件数

表 6-2 中，测验 1～8 为书面测验，测验 9～12 为器具测验。全部测验在很大程度上属于速度性测验。GATB 的 9 种能力因素指标已被世界许多国家承认和采用，并已被编入美国劳工部编纂的经典《职业条目词典》，作为重要的参数指导资料。从表 6-3 中可以看出 GATB 同职业指导与职业的搭配关系。表 6-4 就是特定职业应具备的 GATB 各因素的成绩。

表 6-3　9 种能力倾向与 12 个测验的对应关系

代号	名称	测验构成	能力分类
G	一般智力	3，4，6	学习能力
V	言语能力	4	
N	数理能力	2,6	
S	空间能力	3	知觉能力
P	形状知觉	5,7	
Q	文书知觉	1	
K	运动协调性	8	操作能力
F	手指灵巧度	11,12	
M	手腕灵巧度	9,10	

表 6-4 有关职业的 GATB 因素的平均成绩*

职业代号	名称	因素								
		一般智力	言语能力	数理能力	空间能力	形状知觉	文书知觉	运动协调性	手指灵巧度	手腕灵巧度
020	计算机程序编制员	132	125	131	122	120	128	117	109	113
078	医学技术专家	126	127	122	117	126	130	122	114	117
079	牙医助理	104	105	102	107	116	117	114	112	114
	外科医师	97	102	93	97	107	116	117	114	117
193	航空管理专家	118	114	115	113	109	111	112	101	106
195	社会问题工作者	116	120	112	105	102	119	115	99	98
202	速记员、打字员	106	104	106	108	119	113	114	105	103
208	排字工人、穿孔机人员	110	113	106	104	107	120	114	102	101
212	银行出纳员	111	111	110	107	115	120	114	107	101
213	机器操作员	111	109	112	106	110	116	112	116	107
241	权利调整员	116	109	116	114	108	111	107	97	107
276	建筑机械推销员	113	109	107	111	100	104	102	96	98
317	食品行业工作人员	82	85	80	91	85	91	91	87	97
319	饮用喷泉女工	95	98	95	95	101	104	104	99	102
355	护士助手	89	95	85	91	91	100	100	86	94
	精神病医生助手	95	97	90	95	88	94	96	91	91
375	巡逻员	112	110	106	112	108	106	112	101	117
601	工具冲模制造工	109	100	105	119	111	101	104	106	115
690	花式刺绣工	93	93	91	94	96	99	101	95	101
712	牙科实验室技师	96	96	91	102	98	96	99	98	108
726	电子装配工	95	100	89	100	104	105	111	108	113

注：*平均分为 100，标准差为 20。

任务二 职业核心能力

一、职业核心能力的概念

职业核心能力是在人们工作和生活中除专业岗位能力之外取得成功所必需的基本能力，它可以让人自信和成功地展示自己，并根据具体情况选择和应用。职业核心能力又称为“关键能力”“基础能力”“软技能”“共同能力”。对于职业核心能力所包含的内容方面，1988 年《国家技能振兴战略》把职业核心能力分为八项，称为“八项核心能力”，包括与人交流、数字应用、信息处理、与人合作、解决问题、自我学习、创新革新、外语应用等。2010 年 5 月 20 日，教育部教育管理信息中心正式向全国发文推广全国职业核心能力 CVCC 认证项目，包括三大模块，即基础核心能力、拓展核心能力和延伸核心能力。

1）基础核心能力：职业沟通、团队合作、自我管理。

2）拓展核心能力：解决问题、信息处理、创新创业。

3）延伸核心能力：领导力、执行力、个人与团队管理、礼仪训练、五常管理、心理平衡。

当前，职业核心能力已经成为人们就业、再就业和职场升迁所必备的能力，也将成为企事业单位在职人员综合素质提高的重要内容。因此，职业核心能力认证培训项目作为国家综合素质训练项目，将拥有广泛的培训人群，将是培训界全新的社会服务项目，其生命力将伴随职业人士的一生，将对提升我国技能人才的素质起到积极作用。

二、对各类人员职业核心能力的要求

一方面，求职者根据社会需要、个人意愿、能力、个性特征，选择适合自己发展的职业或工作岗位；另一方面，职业或工作岗位也对求职者进行选择，不同职业对求职者的核心能力有不同要求。

1. 对企业管理人员的能力要求

（1）美国企业界提出的企业管理人员应具备的特征

1）合作精神，能赢得人们的合作，愿与他人一起工作，对人不是压服而是说服。

2）决策才能，依据事实而非依据想象进行决策，具有高瞻远瞩的能力。

3）组织能力，能发挥部属的才能，善于组织人力、物力和财力。

4）精于授权，能独揽大权，分散小权。

5）善于应变，不墨守成规，积极进取。

6）勇于负责，对上级、下级、产品用户及整个社会抱有高度的责任心。

7）勇于求新，对新事物、新环境、新观念有敏锐的感受能力。

8）承担风险，对企业发展中不景气的风险敢于承担，有改变企业面貌、创造新局面的雄心和信心。

9）尊重他人，重视和采纳他人意见，不武断狂妄。

10）品行端正，品德为社会人士、企业职工敬仰。

（2）日本企业界提出的企业管理人员应具备的品德和能力

1）品德：使命感、责任感、积极性、进取心、忍耐心、勇气、忠诚、老实、公平、热情。

2）能力：思维决定能力、规划能力、判断能力、创造能力、洞察能力、劝说能力、理解人的能力、解决问题能力、培养下级能力、调动积极性能力。

2. 科技管理人员的素质要求

1）精通某一学科并有高深的造诣。

2）有较广博的专业知识和管理知识。

3）有较强的政策观点。

4）具有判断和预测学科研究方面的决策能力。

5）对科学技术有较强的鉴别能力。

6）有较强的业务实施能力。

7）有较强的信息沟通和社会活动能力。

8）知人善任，乐于助人。

9）有强烈的社会责任感。

10）组织、协调能力强。

3. 商业经营人员的素质要求

1）发明能力。头脑灵活，在短时间内能产生各种新颖想法。

2）信息处理能力。善于处理市场获得的信息，辨别其价值，及时反馈。

3）情绪表达能力。对周围的世界以及商场的感受比较灵敏，在贸易场合善于表达自己的意向。

4）文学写作能力。涉及经济合同等经济文书，考虑周到，用字准确。

5）组织管理能力。对进销储运业务活动组织协调得当。

6）果断决策能力。及时对经营做出正确的抉择。

7）改革挑战能力。不满足于现状，勇于开拓新领域。

4. 自然科学研究人员的素质要求

1）喜欢独立思考。

2）数学能力较强，语言、文字表达能力也很突出。

3）好奇心、进取心强。

4）抽象思维能力和判断能力强。

5）坚持真理，尊重事实。

6）有丰富的想象力和直觉敏感性。

7）有坚忍不拔的精神。

8）善于收集信息和发现问题。

9）有强烈的自我意识和自我情绪。

10）独创性强。

5. 社会科学研究人员的素质要求

社会科学研究人员主要指从事哲学、经济学、政治学、法学、教育学、文艺学、历史学、语言学、社会学、民族学、宗教学、情报学等研究的人员。马斯洛通过对著名社会科学家的研究，总结出社会科学研究人员的主要人格特征。

1）性格外向，善于处理自己与他人的关系。

2）能有效地观察事实，观察力和预测力强。

3）自立，不满足现状，也不因遭受打击与挫折而沮丧。

4）对生活总是感到新奇、愉快，有狂热的追求。

5）以问题为中心，而不以自我为中心。

6）具有大慈大悲、济世救人的情怀。

7）具有民主的气度，对各种各样的人都一视同仁。

8）富有幽默感。

9）具有较强的社会责任感和为真理献身的精神。

10）富有创造性。

6. 发明家、革新家的素质要求

发明家、革新家具有强烈的欲望，力求创造性地运用当代知识来发明或革新的人，具有以下特征。

1）无所畏惧的品质，为自己的发明创造不惜冒险，为了试验的成功可以将生死置之度外。

2）从不计较别人嘲笑自己，把别人的嘲笑当作推动自己前进的动力。

3）执着追求，对所从事的试验自始至终保持极大兴趣，直到成功为止。

4）强烈的自信心，对自己的试验充满信心，坚持试验成功后将会产生的价值。

5）别具一格的孤独感受，善于独立思考。

6）追求完整化的心理，对自己的事业不懈努力，直至达到预想的境界。

7）永不衰退的好奇心。

8）强烈的好胜心，勇于向未来知识世界挑战，以成功的事实去证明自己的能力和才华。

9）不受外来干扰，正确选择课题，最终取得发明成果。

10）如痴如醉的思索精神，沉醉于思索和试验，把一切琐碎事弃置脑后。

7. 工程技术人员的素质要求

（1）各类工程技术人员的素质要求

科技类工程技术人员，即具有抽象思维才能的工程技术人才，要有深厚的理论基础知识，善于发现现有的工程系统或技术装备的缺陷，善于把一些抽象的、彼此毫不相干的概念用新的方式联系起来，以达到工程实用的目的，能预见到技术发展的方向。

革新发明类工程技术人员，即创造性地运用当代知识来发明或创造的人才，主要在工程设计院部门工作，考虑的主要是工程的适宜性及经济的合理性。

现场类工程技术人员，即在现场从事建造、操作规程和维护复杂机器、工程系统的人才，要具备数学、现代科学和工程学的知识，有很强的实践能力，是勇敢、具有聪明才智的实践、实干家。

技术规划与管理类工程技术人员，即在管理部门工作，业务仍然以技术革新背景为主的人才，知识面比较宽，对科技和企业的发展方向有敏锐的洞察力。

（2）各类工程技术革新人员的素质要求。

1）扎实的专业知识和较宽泛的知识面。

2）不满足于现状，具有较强的创造革新世界精神。

3）试验操作、模型制造、解决操作难题等实践能力强。

4）具有较强的组织能力，保证技术的攻关和实施。

5）求知欲旺盛，不断学习新知识、新技术。

6）对科技发展、应用有敏锐的洞察力和预测能力。

7）具有严肃认真、实事求是的工作态度。

8. 广告策划、设计人员的素质要求

1）具有较强的创造性，能独出心裁。

2）具有丰富的知识，对复杂的事物有鉴别、识别能力。

3）有战略眼光和预见能力。

4）法制观念强，不制造虚假广告。

5）诚实守信，具有较强的人际交往能力。

6）具有全局观念和开拓新领域的能力。

7）具有较强的想象能力和绘画能力。

9. 推销、采购人员的素质要求

1）独立性和自我管理能力较强。
2）善于捕捉信息，灵活应变。
3）时间观念强。
4）善解人意，劝说能力强。
5）诚实守信。
6）喜怒不形于色。
7）性格外向，人际交往能力强。
8）口头表达能力和洞察能力较强。

10. 教师的素质要求

1）对少年儿童有兴趣，热爱教育事业，有献身精神。
2）具有较强的言语表达能力，口齿清楚，发音正确，善于表达。
3）专业知识扎实，知识面宽广。
4）具有较强的组织管理能力。
5）观察能力强，善于观察学生的眼神、表情、姿态、行为、穿着和心理。
6）具有较强的记忆力和理解能力。
7）对学生态度和蔼、有耐心，平易近人。
8）作风正派。
9）兴趣广泛。
10）有良好的仪表。

11. 编辑的素质要求

编辑是指从事组稿、审读、编选、加工整理等工作的人员，其素质要求如下。
1）具有扎实的专业知识和宽广的知识面。
2）具有较强的社会活动能力和人际交往能力。
3）具有较强的鉴别能力和对信息的快速反应、筛选能力。
4）责任感强。
5）具有较高的文学素养。
6）具有较强的学术价值观念和经济效益观念。

三、探索职业核心能力的特点和重要性

职业核心能力是成功就业和可持续发展的关键能力，是当今世界各国职业教育和人力资源开发的热点。高职教育是“以服务为宗旨、以就业为导向、以能力为本位”的教

育，在培养目标方面不仅要求学生掌握一定的专业能力，也要求学生具备较强的职业核心能力。因此，高职学生的职业核心能力已成为目前高等职业教育关注的热点。

1. 职业核心能力的特点

根据对职业核心能力的界定，我们认为职业核心能力具有如下几个特点。

1）可培养性。职业核心能力不是人天生就具备的，而是后天培养和训练获得的，如果通过可行的方法培养训练就会取得较大成功，如与人交流的能力，虽然这与人的性格倾向有关，但后天的努力学习和勤于实践同样可以弥补天生的不足，可以达到掌握与人交流交际的技能的目的。

2）普遍性和适用性。职业核心能力与专业能力不同。它是任何行业、任何职业都需要具有的能力，它不仅辐射到职业领域，也影响到人的终身成就与发展。

3）可迁移性。核心能力可以随着从业者的行业转换而成功迁移，成为从业者所具有的个人能力的一部分。在一个人具备了职业所需的核心能力之后，这些能力便会储存于其脑海中，转化成行为，工作时自然将其运用到实践当中。

2. 大学生职业核心能力培养的重要性

大学生职业核心能力的培养作为高职教育发展的重要趋势，具有十分重要的作用，表现为以下几个方面。

1）职业核心能力是当今社会对高职大学生的客观要求。20 世纪末出现的一场波及全球的新技术革命，改变了各国社会经济发展的格局，从根本上影响了社会职业结构和就业方式的变化。一方面，大批新职业以超出人们想象的形式和速度出现在社会生产和生活中；另一方面，现代职业的工作方式发生了根本变化，人们发现不再有终身职业，工作流动加快，人们在职业生涯中要不断改变职业，不管你现在掌握了什么技术，都不能保证你能成功地应对明天的工作，社会最需要的是能不断适应新的工作岗位的能力，这种能力就是职业核心能力。此外，对企业和单位来说，人力资源是第一资源，提升员工的核心能力是增强企业核心竞争力的基础。大学生要想求职成功、适应未来职场的变化并在职场中实现可持续发展，必须具备较强的职业核心能力。

2）职业核心能力是高职大学生求职竞争的重要条件和可持续发展的重要保障。当今企业也越来越关心员工的综合素质，因此职业核心能力对高职大学生的职业活动的意义是不言而喻的。对高职大学生来说，具备较强的职业核心能力，可以在求职应聘中增强就业能力，使学生从人数众多的求职者中脱颖而出，帮助高职大学生成功求职。在实现由学生转换为员工的角色之后，良好的素质、较强的职业核心能力也可以让新员工尽快适应岗位的需求，更好地与人交流合作，还可以在新的环境中学会处理问题，调整自我，获得职业生涯的新发展。因此，培养职业核心能力是高职大学生可持续发展的需要，是一种可持续发展的能力，可帮助劳动者在变化的环境中重新获得新的职业技能和知识。因此，高职院校要加强大学生职业核心能力的培养，以满足高职大学生在工作后可持续发展的需要。

未来社会需要劳动者具有较强的职业核心能力，这不仅是人们就业和职场发展所必备的能力，也是在校、已就业和即将就业人群竞争力的重要标志。因此，以“就业为导向”的高职教育更需要培养学生具备较强的职业核心能力，使学生在校期间不仅掌握扎实的专业知识和技能，也能具备良好的综合素质，从而使学生明确自己的发展目标，从激烈的职场竞赛中脱颖而出，为自己拥有满意工作和幸福的生活奠定基础。

任务三　能 力 探 索

一、能力探索的概念

能力探索就是借助先进的职业发展理论，使用比较成熟的职业测评和非正式评估工具，对自己的职业兴趣、性格特点、职业价值观以及职业技能等进行全方位的、深层次的量化评价和分析，更科学地、全面地认识自己，了解自己最看重的是什么，自己最喜欢的是什么，自己最擅长的职业技能是什么，进而清晰地确定自己喜欢且适合自己的职业发展目标和方向。

二、能力探索常用的测评工具

能力探索测评工具，也就是系统地进行量化评估的职业测评（或职业评估）量表或测试。职业测评或职业评估工具主要包括两大类型，一类是正式测评工具，另一类是非正式评估工具。

标准化测评的主要工具有霍兰德兴趣测评、梅尔斯-布瑞格斯类型指标测评（MBTI）、北森朗途职业规划测评、卡特尔 16PF 测评、职业锚测评、北森能力测评、北森智维通用人才选拔测评等。标准化评估的常用工具有分类卡、工作清单、人物访谈、生涯彩虹图、生涯自传、生涯生命线等。

三、能力测验

能力测验又称认知测验，是指对一个人或某一团体的某种能力做出评价。这种能力可以是当前所具有的实际能力，或者是将来可能具有的潜在能力；可以是一般的普通能力，或者是某种特殊的能力，如音乐、美术、体育等方面的特殊能力。

能力测验旨在针对个人工作的潜力进行测评。对能力的测评常常是通过智力测验来完成的，包括韦氏成人智力测验和斯坦福－比奈特智力测验。这一系列的测试常用来预测在一定环境下的人是否有能力胜任工作。

对于大学生来说，能力测验在职业生涯规划和就业选择过程中也有非常积极的作用。

1）帮助认识自我。认识自我的方法有很多，如职业测试等。寻找并确定职业锚，实际上也是个人自我认知的过程——认识自己具有的能力、才干，自己最需要的是什么，自己的职业价值观是什么，通过不断地反省和整合达到职业生涯的最佳状态。

2）确定职业目标。大学生在进行职业生涯规划时，可以通过分析自己的职业锚，确定自己的职业方向，对自己今后的职业发展道路进行有针对性的设计和准备，并通过参加相应的培训、学习、实践，为职业生涯的成功奠定基础。

3）选择毕业方向。大学生完成学业时会面临多种选择：是继续深造还是直接就业？是在外资企业就业还是在国有企业就业？运用职业锚的理论和观点，我们能够逐步明确自己最希望得到的东西，从而确定自己在近一段时期内的奋斗目标。

能力测验实际上是个人能力、动机、需要、价值观和态度等相互作用和逐步整合的结果。在实际工作中，通过不断审视自我，逐步明确个人的需要与价值观，明确自己擅长的及今后发展的重点，最终在潜意识里找到长期稳定的职业定位。

案例分析

随着大学连年扩招，大学生就业竞争愈演愈烈。就业的残酷竞争让很多人只能抱有“捡到篮里的就是菜”的心态，导致大学生盲目就业，频繁跳槽，浪费了大量时间和成本。所以，精确定位自己的职业锚就显得尤其重要。

小张是一名行政管理专业的应届毕业生，一心想考公务员的他，因为3分之差未能如愿。毕业临近，同学们都陆续和单位签约。看着同学们纷纷转向人力资源领域，他也有些心动，但是，不喜欢也不善于与人打交道的他又不敢跨出这一步。他比较喜欢经济类的工作，但是从专业知识来说，他又缺乏竞争力。

小刘是一所重点大学化学专业的硕士毕业生，生性活泼的她不愿意整天与化学制剂打交道。为了一个项目，她往往要在实验室里待上一两个月，很少与人交往，她觉得自己几乎要与世隔绝了。她很想去做一些与人交流比较多的工作，但是又不知道应该往哪个方向发展。况且，自己学了那么长时间的化学，要放弃还真有点舍不得。

点评：许多大学生在找工作时往往是盲目的，不知道自己想做什么，能做什么，适合做什么，没有一个准确的定位。所以，确定自己的职业锚，是踏上社会的一个重要的切入点。那么，如何确定自己的职业锚呢？

1）分析并汇总自己的个人情况。个人情况包括自己的个性和能力两个方面。了解自己的个性有助于选择与自己个性匹配的职业，从而发挥自己的性格优势，如细心、踏实、主动、果断、勇敢等。从能力上说，分为两个部分：一部分是个性能力，如记忆力、想象力、观察力、思维力、创造力以及组织协调能力、语言表达能力等。另一部分是专业技能，包括自己所学的专业知识、外语水平、计算机能力等与职业密切相关的技能。

2）搜集感兴趣的职业信息。一方面搜集职业的本身特点、所需能力、具体做的工作以及待遇和发展前景等信息，另一方面搜集职业所在的公司氛围、规模、行业内的优势等信息。再结合自己的个性和能力，寻求两者的切合点，选择适合自己的岗位。

3）了解自己的职业价值需求。职业价值往往是确定一个人职业满意度的关键所在，一般包括5个方面：个人对自己所从事职业的认同和自尊、个人对职业在社会价值中的肯定、个人在职业中得到成长、享受职业带来的成就感和满足感、取得良好的人际关系和人脉资源。要了解哪些价值是自己认为重要的，哪些是次要的，再结合自己感兴趣的职业，对自己认为重要的价值需求进行职业定位。

通过以上三者的分析和整合，了解自己的能力，扬长避短，选择适合自己的岗位，通过经验的积累和能力的提升，有针对性地选择自己发展的突破口，这样就能达到事半功倍的效果，在职业中得到最大化的满足。

四、能力探索的步骤

1）进行正式测评。通过量化的正式测评，找出以前自己不曾知道的职业兴趣、性格特点以及职业价值观等方面的信息。

2）进行非正式评估。用非正式测评的结论，进一步验证正式测评结果的准确性，并分析正式测评中有异议的内容，对其进行进一步非正式评估和澄清。

3）评价和分析测评报告的结果。测评的结果既是咨询师的重要参考，也是咨询者对自己做出最后的准确评价和清晰定位的主要依据。

4）准确进行职业定位。结合自己的职业梦想，确定自己喜欢的、适合的职业发展目标和方向。

项目七　职业探索与环境评估

近年来，随着经济和各项事业的不断发展，我国的高等职业教育已从传统的精英教育模式向现代化大众化教育模式转变。自 1998 年高校批准扩招以来，中国高等教育的发展以前所未有的速度扩大，高校毕业生人数逐年大幅度增加。大学生就业难已成为一个牵动人心的、常态的社会问题。与此同时，我国社会处于产业转型期和新增人口快速下降时期，未来就业形势相当严峻。因此，客观分析就业背景、就业现状，尤其是动态分析就业趋势，为大学生提供充分的、准确的信息，是引导他们顺利就业的必要前提。

任务一　职业的特点、急需的人才及分类

对莘莘学子来说，经过多年的努力，顺利升上大学之后，尽早了解国家总体就业形势及行业就业概况，是至关重要的环节。一方面，它有利于大学生认清自我，及早摸准自身的专业定位，逐渐强化专业意识，注重专业技能和技巧的培养，提升自身综合素质；另一方面，它有利于大学生对行业的发展趋势和状态进行跟踪分析，准确把握行业发展方向，筹划未来，做好职业定位，顺利走上工作岗位，拓展个人发展空间。

一、职业的特点

我国的职业是动态的、发展的。由于体制的改革，以及经济结构、产业结构的变化，传统的职业种类逐渐消失，新职业不断涌现。据统计，现在每年平均有 600 多种新职业产生，同时有 500 多种传统职业被淘汰。例如，电话、传真、电子计算机技术的发展，使诸如电报员、电报投递员等传统职业逐渐消失，但计算机出现以后，产生了操作员、程序员、计算机销售员、维修工等多种职业岗位。从总体上看，职业呈现出以下几个特点。

1）社会职业种类越来越多，职业出现的频率逐渐加快。随着社会生产力的发展，社会的分工，职业的种类也越来越多，现在职业已远远超过“三百六十行”。据有关资料记载，我国隋朝有 100 个行业，到宋朝达 220 个，到了明朝增至 300 多个。中华人民共和国成立后，全国各种岗位的总和已发展到 10 000 种左右。近年来，物流师、心理咨询师、项目管理师、舞台灯光师、茶艺师等各种新型职业也不断涌现。

2）职业分工由简单到精细。以农业为例，早期农业是指种植业，后来随着生产力的发展，种植业又细分为粮食作物种植业、经济作物种植业、蔬菜瓜果种植业、果树种

植业等。再如建筑业，从原始的单一职业发展到现在的建筑设计、土建、装修等。

3）社会职业结构变迁的速度越来越快。从农业革命到工业革命经历了数千年，而从工业革命到新的产业革命用了 200 多年。电子行业从产生到发展成为一个主要行业，只用了几十年。

4）职业活动的内容不断更新。同样的职业在不同的时代，内容发生了变化。例如，设计院的工程师以前设计图纸时，使用图板、丁字尺、画笔，而现在运用 CAD 软件画图纸。再如，邮政业，古代靠骑马传送邮件，而现在除了用飞机、火车、汽车等交通工具传送邮件外，还使用电话、网络、传真等手段传送信息。

5）脑力劳动职业增加。随着教育、文化、科学技术等的发展，脑力劳动者逐渐增多。在我国，脑力劳动者和专业技术人员的比重也在不断增大。

6）职业的专业化越来越强。若不具备一定的专业能力，达不到专业要求，则不能从事该职业。例如，研究人员不仅是研究者，还可能是市场开拓者或是管理者。

7）职业活动自由化。表现在 3 个方面：①职业活动场所自由化，如网上办公；②时间自由化，如记者、律师、设计师等，没有严格的上下班时间限制，以完成一定的工作任务为目标；③自由职业者、自由撰稿人、作家等没有具体的工作单位，以完成某项工作、任务的形式来履行职业职责。

8）第三产业的职业数量大幅度增加。随着科技水平的提高，第三产业的职业数量大幅度增加，其就业人数在发达国家已超过 50%。由于第三产业所具有的就业容量大、流动性大及弹性高的特点，将会吸引更多的高职院校毕业生从事第三产业的职业。

二、职业发展急需的人才

1）税务会计师（会计类）。国税和地税的分征等因素，使会计师的需求幅度增加较大，相关的热门人才为业务与国际事务有关的会计师。

2）计算机系统分析专家（计算机类）。为某一行业（如银行、医院、政府部门等）的需要而设计计算机软件与硬件，进行各部门之间有效沟通和运作的技术专家在将来会更“吃香”。相关的热门人才为计算机程序设计师、网络管理专家等。

3）计算机软件工程师（工程类）。尤其是需要相关的环保、土木和工业工程师。

4）环境工程师（环保类）。随着环保意识的增强，社会对环境工程师的需求将呈上升趋势。相关热门人才为工业卫生学者和毒物学者、生物环保、化学环保、工业环保等人才。

5）中医师（健康医药类）。目前，社会对中医师的需求量逐渐增加。相关热门人才为经过医学专业学习并取得执业资格的按摩师、中药师、针灸师等专业人员。

6）咨询经纪人（咨询服务类）。现代社会对咨询精确程度要求提高，使该行业日益走俏。相关热门人才为技术图书管理员。

7）索赔估价员（保险类）。天灾人祸的频繁出现及未来社会对理赔速度的要求，使索赔估价员的作用越来越大。相关热门人才是资料处理师、精算师。

8）律师（法律类）。社会会对此类人才有大量需求，相关热门人才为房地产律师。

9）老人医学专家（医学类）。21世纪初，我国人口老龄化问题比较严重，老人医学将变得十分重要。相关热门人才为家庭医师、家庭护士。

10）家庭护理（个人服务类）。来自人口老龄化及医疗超支两个方面的压力，使家庭护理成为需求量较大的行业。相关的热门人才为幼儿教师和家庭服务员。

11）专业公关人员（公共关系类）。企业的形象设计问题将变得越来越重要，公关行业必将成为极有前途的一门行业。

12）商业服务业务代表（推销类）。有关商业服务的独立承包商开始大批涌现，为公司承揽广告、计算机程序设计、信用报告工作。该行业的相关热门人才是证券及金融业的业务代表、通信设备业务员。

13）生物化学家（科学研究类）。蛋白质的药物价值决定了生物化学的前景，新的药物不断地被生物化学家开发出来，社会也不断期望有新的产品开发出来。相关的热门人才为分析化学家和药理学家。

14）心理专家（社会工作类）。人们对自身心理健康问题越来越重视，心理学也将越来越显示其存在的价值。相关的热门人才为私人心理治疗师、家庭（社会）问题分析专家等。

15）旅游代理员（旅游类）。旅游业在21世纪将继续长足发展，随之对旅游代理公司的需求也将大幅度增加。相关的热门人才为航空公司、出租车公司、客轮公司和旅馆业务代表。

16）人力资源专家（人事类）。各种各样的竞争归根到底是人才的竞争。社会对人力资源专家的需求也将增大。相关的热门人才有人才市场经理、人才素质测评专家。

三、职业的分类

我国是世界上最早出现职业和职业活动的国家之一。儒学经典就记录过当时的职业和职业活动。《春秋·谷梁传》就写道："古者有四民，有士民，有商民，有农民，有工民。"近年来，社会主义现代化建设的发展，促进了我国现代职业的发展。《中华人民共和国职业分类大典》的颁布反映了我国职业管理工作达到一个新的高度，和世界各国一样，我国的职业也是动态的、发展的。《中华人民共和国职业分类大典》将我国职业归为8个大类、75个中类、434个小类、1481个职业。由于体制的改革，以及经济结构、产业结构的变化，不断会出现旧的职业消亡、新的职业产生的情况。像铅字打字员等职业正逐步消失，汽车进入家庭使司机这个职业开始局限于大型运输车辆的驾驶，伐木工也开始变成植树工，越来越多的新职业不断涌现。近年，国家劳动部门颁布了电子商务师、物业管理师、公共关系师等新职业的标准。

任务二 就业环境概况

现实生活中，职场活动是个人社会生活中的重要组成部分，对于即将毕业、怀揣梦想的大学生，选择一份适合自己的职业是事业成功的第一步。人的社会生活和工作领域是非常广阔的。职业门类极其繁多，如何在其中选择一份理想的职业呢？

世界各国的产业结构调整呈现两大特征。一是发达国家的产业结构调整呈现高科技化、可持续化和特色化趋势。产业结构的高科技化发展趋势是当代产业结构变革的基本特征。发达国家凭借其技术经济领先的优势，率先通过产业结构调整，将其经济发展推进到知识经济的层次。二是发展中国家的产业结构调整呈现潮流性、开放性和发展性的特征。发展中国家正利用自身所具有的后发优势，力争在产业结构调整中实现工业化，进而走向知识化、信息化。

以科学发展观为指导，建设资源节约型、环境友好型社会和实现可持续发展是未来我国社会经济发展的方向，决定了未来产业结构变化的趋势。我国仍然处于工业化阶段，但不同的是，通过改革开放几十年的技术经济积累与沉淀，未来工业化进程加快，工业化起点抬高。以自主创新提升产业技术水平，以信息化带动工业化，发展装备制造业，大力发展信息、生物、新材料、新能源、航空航天等产业，培育更多新的增长点，这些是未来产业结构调整的重点之一。

一、职业变化

1. 增长和发展中的职业

由于科学技术的发展，原有的生产方式和生活方式发生了重大变化，产业结构和服务领域有了新的改变。

1）在生产领域。尽管第一、第二产业的职业数量在减少，从业人员总量和比例也在减少，但由于在这两个产业中生产的知识和技术密集程度的提高，出现了一些新的职业和职业群。典型的有第一产业中的基因和转基因工程师、遗传工程师、细胞工程师、生态农业技师和技工；第二产业中加工中心的工程师、技师、环境监测工程师、计算机辅助设计工程师和技师、计算机辅助制造技师和技工、纳米材料生产技师和技工，以及航空航天材料技师和技工等。

2）在服务领域。由于生产活动方式的变化，以及生活活动内容的增加，新产生的职业数量远远大于生产部门。这些新职业主要集中在信息服务业、管理和咨询服务业和社会服务业 3 个方面。

① 信息服务业。信息产业是发展最快的产业。与信息产业相关的职业也是发展速度最快的职业群。根据经济合作与发展组织统计，信息职业已占各种新生职业总和的

40%以上。另据美国的统计，美国从事信息和知识生产、分配与传递的人数已超过全部从业人员的半数。信息和通信技术的急剧扩张，导致了社会对计算机工程师、计算机系统分析师、计算机基础科学和各个领域的应用专家与操作技术人员的大量需求。有些专家认为信息产业已经从第三产业领域中独立出来，成为第四产业。

② 管理和咨询服务业。由于管理和咨询活动对于经济、生产、社会生活甚至个人生活的影响越来越大，它们已成为第三产业领域中另一个发展最快的职业群组。在这个职业群组的发展中，专业管理人员和专业咨询服务人员的功能划分更加细化，在社会组织中的责任、地位和声望日益提高。金融分析师、投资咨询师、心理咨询师、人力资源管理师、保险评估师、保险精算师、税务代理师、理财代理师等已成为热门职业。

③ 社会服务业。在第三产业领域，提高居民生活质量、满足居民消费需求的服务性职业也有了突破性的发展。家政服务、旅游、康乐、健身、医疗以及其他生活服务领域都有许多新职业涌现出来。家政服务助理、养老护理师、育婴师、形象设计师、健身教练、室内装饰设计师等职业的出现，反映了人们对生活质量的要求越来越高，服务性消费需求越来越丰富化。

2. 衰落和消退中的职业

衰落和消退中的职业主要集中在第一、第二产业。在结构调整中，第三产业也有部分职业消退。这种职业的衰落和消退往往与技术或产品的更新使某种职业失去市场有关。有时也会由于制度和政策的限制，禁止使用某种材料或工艺，致使某些职业难以为继。例如，农业的高度集约化曾使千百万农民改变职业，这一过程仍在继续。在英国的工业转型过程中，曾经作为产业革命标志的煤矿工人和纺织工人几乎消失殆尽。随着数控机床的普及，传统的通用机床操作工正在迅速减少。在第三产业，传统的机械打字员、铅字排字工等也正在迅速消失。

3. 调整和变化中的职业

在 3 个产业部门中，有许多传统职业在新的条件下发生了较大调整和变化。在第一产业中，传统的农民转化为农机师、农艺师或者专业性更强的从事无土无害栽培工作的现代农艺师。在第二产业，传统的手工绘图员正转化为使用计算机的电子绘图员，采煤、采油等技术向高科技化转变，产生了新型的煤炭液化气化职业，以及海洋石油开采等职业。在第三产业中，变化发展更迅速。过去的理发员转化为形象设计师，销售库管人员转化为物流配送师等。事实上，几乎所有的职业都会随着生产技术的进步而发生一些调整和变化。

需要指出的是，在现代职业的发展与变动中，有一个值得注意的现象，就是中间层次和中等地位的职业发展较快。例如，第一、第二产业中生产部门和实验部门的技术技能人员［与工程师（engineer）不同，国外通常把他们称作技术师（technologist）或者工艺师（technician），我国统称为技师和技工］，第三产业中的助理医师、助理律师、服务技师和个人助理或家政助理等，在欧美国家都是需求增长很快的职业。与此相对，高层次的职业（科研学术等）和低技能的职业需求发展都较缓慢，使许多低技能职业甚至出现停滞或负增长。

二、用人单位在吸纳应届大学生方面所持态度

但在国家精简机构的宏观政策指导下，机关、事业单位在吸纳应届大学生方面较谨慎，下面介绍了我国用人单位积极和消极的方面。

1. 积极方面

1）为了缓解大学生的就业压力，国家各级机关和事业单位担任了重要角色，成为吸纳大学生就业的“大户”。随着我国社会现代化管理水平的不断提升，从长远角度看，今后这一块市场可能还会稳中有升。

2）正常情况下，用人单位出于生产、经营需要和“人才储备”思路的考虑，一般会吸纳一定数量的就业人员，以满足自身经营与发展需要，招聘大学生数量将会仍然保持一定水平的增长趋势。即使 2009 年，在金融海啸波及全球的极端恶劣背景下，在我国政府的积极财政政策的刺激下，就业形势仍趋好。

3）随着国家鼓励消费、拉动内需政策的落实，国内需求将会大幅拉升，国内市场也将会进一步开拓，与老百姓生活息息相关的制造业和社会服务业等行业，将会随着规模的不断扩大，在人力资源需求的增量上有更新、更好的表现。

4）随着国家法律的完善，单位在用人制度、用工环境上也将逐步得到改善。用工、拖欠工资等不规范现象将会逐渐减少，乃至从根本上加以消除。

2. 消极方面

1）与现代社会公共管理要求相悖，机关、事业单位在行业准入条件上，存在提高门槛嫌疑；在数量上，则存在压缩做法。

2）企业是以追求利润为宗旨的，在我国市场经济尚未达到十分完善程度的前提下，当利益与就业问题产生矛盾时，企业往往选择利益以求自保，职工就业前景和利益保障仍存在很多不稳定的因素。

3）国内市场的开拓存在着程度和空间问题，需要有一段较长的时间才能走向成熟。短期内，拓展程度不可能很高，拓展空间也相对有限，容纳大学生就业的规模和数量亦不可能有大幅度提高。

4）由于我国市场经济尚未达到十分完善的程度，单位用工制度还存在很多不足和缺陷。

三、产业结构变化的特征

1）生产部门（包括种植业、采掘业、制造业）的科技含量大幅度增加，促使生产效率大幅度提高，生产领域从业人员大幅度减少。

2）服务部门（包括消费性服务和生产性服务）的范围不断扩大，内容不断深化，服务质量大幅度提高，导致服务领域从业人员数量大幅度增加。

3）知识经济的兴起进一步加剧了生产部门从业人员总量减少、服务部门从业人员总量增加这一趋势。

发达国家的产业结构变化最为显著。这种变化在职业领域引发相应反响。一些新职业产生并迅速发展，另一些过时职业开始衰落甚至消失，还有一些职业为适应形势开始调整和转化。职业的这些变动反过来又促进了产业结构的调整变动。

四、劳动力市场的特点

大学生就业市场是中国特色社会主义市场经济条件下就业市场的一部分，不能也无法脱离国情。大学生不是生来就是“劳心者治人”，除部分研究型毕业生进入实验室工作外，多数人也要从最具体、最初级环节开始工作，他们求职也要与广大普通劳动者站在同一起跑线上同台竞争，因此从这个意义上讲大学生就业市场也体现了一般性人才市场的特征。

一般性人才市场的特征：自由竞争，无学历层次的严格要求；能力优先，无严格的专业要求；定期或不定期招聘，没有时间限制，组织较松散。

但大学生是特殊的社会阶层，这种特殊不是指高贵的身份，而是在从业者背景上区别于一般的就业人群，他们经过系统的学习和严格的专业训练，他们的理论性、专业精深性、触类旁通性更有优势。因此大学生的就业市场也就具有一些特殊性：大学毕业生通过就业市场自主择业已成为必然趋势，而毕业生就业市场是人才市场的一部分；从就业背景上看，大学生普遍没有较深的工作经历和较多的经验，而是作为劳动力步入社会的初级就业市场。

1. 群体性

我们在电视或网络视频中经常看到招聘会上大学生拿着简历在人头攒动的大厅里挤来挤去，人数之多、面试之艰难让人惊叹，参加人才交流会有一种“赶集”的感觉，这就是群体性。每年每届每所高校都有大量毕业生在同一时间段奔赴招聘会，大学生结队成行，或同一寝室，或同一专业，或同一班级同时出发，有的学校还按照订单培养模式奔向同一单位。

2. 时效性

相对社会人才市场的常设性来说，大学应届毕业生多集中在同一时段，有一定的时间限制，这是由高校学制决定的。本科生和专科生都在毕业前的最后一学期即春季开始找工作。没有正式毕业就步入职场，这本是反常的，因为毕业前夕要做毕业论文或实习报告，但现在已约定俗成，有些学校还把校园招聘会时间推到毕业前的倒数第二学期，即冬季。用人单位同样在冬季开始招聘，春季招聘活动反而变得稀稀落落了。

3. 专业化

大学生都系统性地经过专门化学习，与社会其他劳务市场普通求职人员相比，他们具有较高的知识层次，面向大学生的市场招聘有一定的专业化要求，或拥有相关专业的专业知识，并有一定的学历要求。少数研究型、理论型的岗位要求，如高校、研究所等把这种专业化的招聘市场推向高端化。大型的综合性的招聘市场涵盖文、理、工科等各类型的专业。当然现在很多用人单位的招聘条件越来越倾向技能化，他们更看重动手能力，在没有经验的情况下，也要看重实践的潜力。弱专业、多才艺的人更受到用人单位的青睐。

4. 多元化

在市场导向的就业机制下，大学毕业生的就业方式、就业渠道呈现越来越多元化的局面。改革开放以来，我国的社会职业构成发生了重大变化，新的职业群体不断形成。用人单位用人观念的变化、求职者观念的转变导致大学生在不同所有制、不同行业和不同地域间流动频繁，就业形式、就业渠道日趋灵活多样，使大学生就业有非常广阔的市场，可以说只要有就业市场存在的地方就是大学生的就业市场。从组织市场的主管单位看，有学校组织形成的校园市场和各级政府、各类人才市场组织的定期或不定期的市场；从地域上看，有本地和跨地区的人才市场；从岗位选择的非专业性看，有本行业跨行业市场；从所有制上看，有私营、国有、合资、机关事业单位；从身份上看，有从军、升学、出国、当村官、考公务员，还可以自己创业；从工作时间上看，有非全日制、临时性、季节性、钟点工、弹性工作制等隐形市场。另外还有自由职业市场。通过多种方式就业，既积累经验，提升个人职场能力，又能拓展寻找更好岗位的机会，这是比较现实而明智的选择，也反映出大学生愿意积极地参与就业竞争。

任务三 职业与社会的关系及职业探索

一、职业与社会的关系

职业是社会发展的产物，职业的选择离不开具体的社会历史条件。繁重的学习任务使学生无暇接触社会，教育与实践的分离使学生择业时没有方向。因此，加强毕业生对社会国情的了解势在必行，只有树立良好的社会意识，树立正确的人生观、世界观、价值观，才能做出正确的职业选择。

1. 要正确认识社会

改革开放以来，我国的经济体制逐渐打破了高度统一的计划经济模式，市场经济因素不断增多，并日益起到重要作用。但从根本上讲，还没有彻底摆脱贫穷落后的面貌，生产社会化程度低，商品经济和国内市场不发达，与此相适应的生产关系和上层建筑不成熟、不完善，还处于社会主义初级阶段。这个阶段的经济特点是以公有制为主体的多种所有制形式并存，以“按劳分配”为主的多种分配方式并存。社会所面临的主要矛盾是人民日益增长的物质文化需要同落后的社会生产力之间的矛盾。而要解决这个矛盾，就必须大力发展社会主义市场经济，提高劳动生产率，并为此改革生产关系和上层建筑中的不适应生产力发展要求的部分。随着改革开放的深入，三资企业、私营企业等发展迅猛，它们以经济效益好、工资条件优越吸引着大量人才；乡镇企业发展也很迅速，在人才流向上有升温趋势。

2. 要主动适应社会

个人的生存和发展离不开社会环境，尽快适应社会是每一个毕业生最迫切、最重要的一关，今后的人生旅途、事业发展是否顺利取决于这一关能否顺利通过。不能适应社会，是许多成绩优秀的毕业生不能畅游职海，甚至失败的重要原因。而各用人单位都非常看重毕业生在这方面的能力，在正式录用前都会通过一段试用期来决定毕业生的去留。因此，如何主动适应社会，有着极其重要的现实意义。

3. 要能动地改造社会

目前，我国还是一个发展中国家，存在许多不尽如人意的社会现象。毕业生要用辩证的发展的眼光看待社会现象，要顺应社会发展的客观规律和历史的潮流，努力培养社会责任心和使命感，以主人翁的态度建设国家、改造社会。

案例分析

有3位外国人，一位美国人，一位法国人，一位犹太人，被关进监狱，而且都是被判处有期徒刑3年。监狱长对这3个人说：“我可以满足你们每人一个条件。”美国人爱抽雪茄，于是对监狱长说：“您给我3箱雪茄就可以了。”第二个提要求的是法国人，而这个人的爱好就是喜欢漂亮的女子，他对监狱长说：“我想把自己的女友接到监狱里，和她一起关在同一个牢房。”最后提要求的是犹太人，他对监狱长说：“我什么要求都没有，就是想让您在我这个牢房里安一部可以和外界联系的电话。”3年过后，第一个冲出牢房的是美国人，他的嘴里和鼻子里塞满了雪茄，大声喊道：“给我火！给我火！气死我了，我当时只想着要雪茄了，忘记要火了！”第二个出来的是浪漫的法国人，只见他抱着一个孩子，后面跟着他那位漂亮的挺着大肚子的女朋友，手里还牵着一个孩子，3年生了3个孩子。最后一个出来的是那位犹太人，整理了一下自己的西装，紧紧地握住监狱长的手说："谢谢您！这3年来我每天和外界联系，生意上的获利反而增长了200%，为了感谢您对我的帮助和支持，我送您一辆豪车。"

点评：有什么样的选择，就决定了什么样的生活。今天的选择是由我们以前决定的，而今天我们的选择，就决定着我们以后的生活。所以，未来怎样取决于你今天的决定。

二、职业探索

职业探索，是对所喜欢或要从事的职业进行理论分析和实际调研的过程，目的是对目标职业有充分的了解，并在明确和职业的差距中制订求职策略，从而有效地规划大学生活。职业是每个人决定就业后必须面临的选择，企业是我们的舞台，专业是我们的基础，职业则是我们的阵地，我们的能力更多的是在弥补职业的不足。人职是匹配的，因为每个人都有天赋，所以天赋背后就是天职，在充分了解自我的情况下，我们就要找到自己的天职。天职是让我们安身立命、实现自我价值的基础。

1. 职业探索的流程

可以自己探索职业，也可以邀请他人一起探索职业，你只要确定一个你想探索的职业即可，至于这个职业是什么，和你的专业到底有多大关系，在对你职业世界所知不多的情况下是可以忽略的。因为，你自己督促自己做职业探索，就是为了掌握探索职业的方法，所以第一次做职业探索时，不要在探索职业上浪费太多精力，重在如何探索职业，如何全方位解读这个职业，当你完整地做过一项职业探索后，你就能对其他未知职业进行探索，那时你就成为自己的职业顾问，所以，初期要按部就班地掌握任务和方法。

2. 进行职业探索需注意的事项

1）第一次探索职业时，一定要保质保量地完成。你做好它并不是为了要达到有多了解它或去做这份工作，而是在探索过程中掌握了解职业（是未来任何职业）的方法，所以一定要认真。

2）时间的效率和效用对于每个人来说是不一样的，所以每个人的用时也是不一样的，但最少需要一个月时间，而且必须是有效时间，否则你从第一次探索中获得的收益是很少的。

3）即使只有你一个人，也可以搞定这项探索，但前提是你想做。拿出期末备考的精神去做完它，而工作任务也仅仅是10个方面。

4）找到你需要的一项本事、一种能力。你要大量地浏览、搜集、整理资料。

5）按部就班地逐项完成职业探索，遵循先搜集、再整理、最后写自己看法的原则，而且保留好整理前与整理后的材料，以便对比中再次完善。

6）如果协调他人一起做职业探索要比你自己做得快和轻松，那你就自己去做，不要出现因为大家都不做你也不做的局面。

7）如果遇到难以理解和解决的问题，一定要在第一时间求助，不要因为一时之难就全盘放弃。

任务四　职业对人才素质的要求

近年来，在社会经济发展的推动下，我国高等职业教育发展十分迅速。尽管如此，社会对人才的需求仍不能完全得到满足。如何使我国的高等职业教育更好地顺应社会经济的发展与变化，成为推动高等职业教育进一步成熟而亟待解决的重要问题。要解决这个问题，首先应该按照社会的需要，对该类教育的人才培养目标有明确的、前瞻性的认识。就职业教育来说，它的根本任务是培养具有较强实际动手能力和职业技能的人才。而职业教育的定位，简言之就是培养高技能型人才。

一、高技能型人才素质的层次

根据教育的层次和职业教育的发展规律，可将高技能型人才的素质由低到高分为 3 个层次：第一层次为职业技能素质，第二层次为职场应变素质，第三层次为专业创新素质。它们对学生的前途支持分别是就业、应变和创业。从社会经济发展对人才的要求、消费文化特征的影响与世界职业教育的发展趋势来看，3 个层次素质的重要性是呈递增态势的。根据社会发展趋势的要求，必须对 3 个层次素质的培养在教育中做出正确定位，并依据它们的特点制订相应的实施策略。

1）职业技能素质。它是高技能人才所应具备的基本素质，包括掌握基本的职业技能操作方法和操作规范，并达到上岗所要求的熟练程度（一般以取得职业资格证书为准）；树立基本的职业意识，形成与职业或岗位相对应的较完备、合理的专业知识结构等。其衡量尺度一般遵从国家制订的相关职业标准。具备这一层次的素质，可保证高技能型人才在既定的工作岗位上胜任工作，也能使毕业生在相应岗位顺利就业。

2）职场应变素质。职场应变素质就是指高技能型人才灵活、适时应对职场要求变化的能力。它包括及时把握特定职业在职场中的发展趋势和最新动态的能力；自主学习新的职业技能的能力；掌握最先进的相关职业理念和操作方法的能力；扩大知识面，形成更全面的具有延伸性知识结构的能力。具备这一层次的素质不仅可使这类人才成功就业，而且在必要时能顺利转岗或再就业，甚至赢得更新更好的职位，实现在职场上的进退自如。

3）专业创新素质。高技能型人才同样需要具备创新能力，其内涵主要包括不断发现现存事物的缺陷，不断找出新问题的能力；创造性地解决问题的能力；根据工作的需要提出创造性的设想的能力，并能够具体实践、操作和开发；进一步扩大知识面，以适应其创新所需的各种相应能力。具备这一层次的素质，可使高技能型人才在职业生涯中的工作能力得到更大提升，并把握创业的机会，实现由单纯谋职到自身事业获得发展的重大转折。

二、高技能型人才层次素质的培养

1）从社会经济发展对人才的新要求来看。当今世界经济有三大显著特点。一是全球化趋势越来越明显。这就为各国的经济主体提供了极其广阔的市场和发展机会，同时也促进了人才市场的充分竞争。因此，高技能型人才在这种形势下一方面将面对更多更好的就业机会，另一方面也将面临其他相关人才的多重挑战。二是经济主体间的竞争越来越激烈。企业争相推出经营策略、管理方法、运行机制，并加速新技术、新产品的开发。这些都导致了企业对人才要求的各种变化。所以，高技能型人才在这种环境下也不能仅仅满足于拥有基本的素质。三是产业及产业结构加速变化。随着世界科学技术的飞速发展，任何行业和职业都没有绝对的稳定性，任何所学也都只是暂时适用的，技能再好、能力再强也要面临职场变化的挑战，能顺利迎接这种挑战的是具有高层次素质的人才。

2）从当代消费文化的特征看。当代消费文化兴起于20世纪中期，进入21世纪后，它不仅在发达国家，也在发展中国家兴盛起来。在当今社会生活中，消费文化体现出的显著特点如下：①个性化消费越来越突出；②追求产品更高的效率、更多样的功能、更便捷廉价的使用方式、更健康环保的效果，追求流行时尚、审美效果、娱乐效果；③消费方式不断翻新。3个特点的共同之处是“更新”。当代消费对“新”的疯狂嗜好，使创新的任务不再是少数人能包揽的，它要求每一个在岗人员都参与其中，经常性地将其体现在日常的工作中。因而对人才的要求就是能快速及时地顺应社会需求的变化，具备较强的自主创新能力。所以，高技能型人才素质的培养在面临这一趋势时，也必然把高层次素质摆在越来越重要的位置上。

3）从世界职业教育的发展趋势看。近年来，许多国家的职业教育都在根据经济形势的发展进行改革，尤其是发达国家反应较快。例如，德国根据当今产业结构与劳动组织的变化，认识到“劳动者除了应具备精湛的职业本领外，还应具备许多原先只有管理者才具备的本领”，因此，他们的“职教改革以如何培养学生的‘关键能力’为核心”。新加坡职业教育的改革思路，一方面借鉴德国“双元制”职教方法，以便紧跟行业发展需求，积极培养学生群体协作精神与实际应用能力；另一方面特别强调培养学生独立的创造性思维。从国外职教的新趋势看，概括地体现了以下几个主要特点：①职业学校加强基础教育和现代科学技术教育；②职业科目综合化，实行选修制课程结构；③重视能力培养，加强实践教学及学校与社会的联系；④职业教育重点逐渐由中等教育转向高等教育。这些内容概括起来就是注重应变素质和创新素质的培养。

三、各类职业对人才素质的基本要求

现在的企业，对人才的渴求越来越迫切。“天生我才必有用”，是指每个人都是人才，广阔社会存在着无穷无尽的需求，有多少需求就有多少人才。但是我们知道，一个企业对人才的要求是有所侧重的。

在企业中，人员可划分为 5 种：人财、人才、人材、人在、人灾。“人财”是指为企业带来财富的人；“人才”是指在某些方面有特殊才能的人，这些人满足了企业的某种特殊需求；“人材”是指有潜在发展能力的人；“人在”是指对企业可有可无、人在心不在的人；“人灾”是指给企业带来灾害的人，这种人不仅不能带来社会财富，还会消耗掉社会财富。“人财”是企业间争夺的关键，“人才”是企业保护的对象，“人材”则需要通过企业培养而转化成“人才”，而企业不能为“人在”和“人灾”提供生存的空间。

由此可见，企业所需要的人才，是能够对企业的生产、经营管理及未来建设做出应有的贡献的人。我国是一个人力资源大国，对企业来说，人力资源极易获取，然而普遍偏低的人力资源素质却是无法通过人力资源的数量来替代的，企业对人才的素质有着基本的要求。

1）职业道德素质。作为影响企业未来的人才，首先应以诚信为本，这是对企业人才基本的职业道德素质要求。但企业中时有违背职业道德的情况发生，如假文凭、假学历、做假账、报虚账等，人才的诚信问题有待考验和培育。

职业道德素质可以说是企业人才最重要的素质之一，越来越多的公司首先看中人才的职业道德素质。在市场竞争激烈的今天，一个掌握着公司大量的技术或其他信息的人才，如果缺乏职业道德，会对公司造成极大的威胁。现在许多公司在招收人才时，要求他们有原辞职单位的工作表现证明，以了解他们在以往工作中的职业道德素质水平。美国社会学家丹尼尔·贝尔曾说过：“任何社会都不可避免的问题是个人利益和社会利益之间的关系，个人动机和社会要求之间的关系。”优秀的企业人才离不开诚实守信、全心全意为人民服务，具有良好的思想道德、职业道德及强烈的责任感。

2）专业技术素质。企业人才的专业技术素质是形成企业竞争力的源泉之一。缺乏自然资源的瑞士之所以富有，原因之一是其职业教育和岗位培训的紧密结合。在瑞士 9 年义务教育，即初中毕业后，学生开始分流，70%的毕业生会按照自己的爱好和实际情况走进职业学校，日内瓦州的一个教育官员说：“一个国家不能只培养科学尖子，还要培养职业尖子。”有一位中国手表行业人士在瑞士考察时发现，同样的零件，中国技工装配出的手表在各项指标上没有瑞士人装配得好。因此，他得出结论：无论科技水平如何高，设备如何先进，永远也不能代替技术工人那双灵巧且训练有素的手。这说明企业不仅需要高精尖的人才，更离不开大批的具有核心专长与技能的人才。

3）人际交往素质。21 世纪是一个追求双赢的时代。随着世界经济的发展，社会分工越来越细化，独立工作的时代已成为历史，单打独斗、尔虞我诈的无序竞争即将过去，合作竞争时代已经来临。在这种环境中，需要人才有较强的人际协调素质和沟通素质，既要明白自己的工作目标，也要知道别人在考虑什么、关心什么，相互理解和支持，在工作中如果能常常进行有效的沟通，就能避免不必要的误解和失误，达到共同的目标。在协作性很强的工作中，沉默寡言和固执己见都会影响团队的工作效率。在计划经济条件下，企业间缺乏联系，人的作用突显不出来；如今竞争激烈，不仅人与人联系密切，企业间联系也非常紧密，人的协调素质和沟通能力越来越重要。

4）良好的文化素质。企业人才如果具备良好的文化素质，就会加快对企业文化的认同感，与企业战略协调一致，更好地为企业工作。企业文化以提高人才的素质为核心，着力于人才的政治素质、文化素质和经营素质，不断增强企业员工对企业的向心力、凝聚力。引导员工不断加强文化修养，升华自己的人格，培养敬业精神、自律意识和责任感。根据企业自身实际，建立一系列的行为规范。为企业的生产、经营、创新、发展营造良好的人文环境，促进和提高内部经营活力，增强人才在市场竞争中求生存、谋发展的信念。

5）更新知识素质。知识经济时代，是知识爆炸的时代，知识更新的速度越来越快，不断培训是企业和人才学习的主要方式，是改进人才岗位胜任能力和提高企业绩效的重要手段。作为企业人才，只有不断学习，才能使企业和个人保持持续的竞争力。具有滞后的知识和技能的人，只能在竞争中被淘汰。一个具有创造能力的人，是善于在工作中不断学习的人。人的创造力是离不开人对新知识、新事物的感知能力和吸收能力的。我国著名教育家蔡元培先生曾说过:“人才为国之元气。”如果缺乏创造力，必然元气大失。

6）身心平衡素质。人才的生理健康和心理健康对企业来说都是非常重要的。面对繁重的工作、复杂的关系，如果善于调节自己的身体和心态，便能应对工作中的各种挑战。大概我们每个人都有过陷入无端忧虑的体验，但通过心理学实验可以看到，我们通常忧虑的事，其中有 40%是不会发生的，30%是对已经过去的事的忧虑，12%是对别人无知的忧虑，10%与健康有关，只有 8%的忧虑可列入合理的范围。大多的忧虑是无意义的、对身心有害的。由于经济环境竞争的日益激烈和不规范，人们常常需要在各种关系中周旋，产生过度的疲劳和压力。如何保持身心健康就显得非常重要。

7）抗挫折素质。成功的路上充满着困难与挫折、成功与失败。人须有坚强的意志、良好的心理素质，才能在竞争中谋求发展。克服失败的坚定信念，是成就事业的重要素质。在美国的 3M 公司有一句著名的格言“为了发现王子，你必须与无数只青蛙接吻”，“与无数只青蛙接吻”意味着无数次的失败，但也意味着接近成功。对于当今的企业来说，经营风险重重，但最大的危险莫过于让人失去面对失败的勇气和自信。失败是一本书，研究透了为什么失败，才能找到成功的窍门。只有经历过磨炼，有头脑、有胆识的人，才能屹立在市场经济的浪潮中，也只有那些经得起失败，并能从失败中奋起的优秀人才，才能与企业共创大业。

8）感受生活素质。在未来的社会中，人不仅要具有很强的为社会工作的能力、创造财富的能力，也应该具有感受生活的能力。人生有两种智慧：获得财富和感受生活。现代社会里，懂得前者的人越来越多，希望懂得后者的人也越来越多，这样人生就会丰富得多、美好得多。某大学校长在毕业生大会上对全体学生说了耐人寻味的一番话：未来的世界是方向比努力重要；能力比知识重要；健康比成功重要；生活比文凭重要；EQ比 IQ 重要；一个人埋头努力，没有人生方向有什么用？一个人有名校文凭，没有生活品质有什么用？一个人成就卓越，没有健康的身体有什么用？一个人只有知识，没有感受生活的能力有什么用……

企业的竞争能力来源于企业人才素质的不断优化。通过企业人才素质的不断提高，创造企业的竞争优势，已成为企业竞争战略的一个重要组成部分。现代企业越来越青睐8类人才：对企业忠诚、有归属感的人；综合素质好的人；有敬业精神和职业道德的人；有专业技术的人；沟通能力强、有亲和力的人；有团队精神和协作能力的人；认同企业文化的人；带着激情去工作的人。

四、主要行业

随着时代的发展，一些现在不受青睐的所谓“冷门”专业或在我国刚刚起步的新兴专业，将来可能会蕴藏着极大的发展空间，具备良好的就业环境。

1. 心理学专业

心理学是指运用科学的方法，探究人的心理，分析人的心理发展、人的各种情感与行为，探究和帮助人获得精神上的健康。在心理学发达的国家，如美国，每 1500 人中就有 1 名心理学家，而在我国，每百万人口中的心理学家还不到两个人。这说明，在我国心理学虽然还是一个冷门的专业，但以后的前途不可限量，心理医生将成为未来的热门行业，其职业前景非常乐观。如心理咨询师——帮助人们解决心理的困扰；教师或儿童顾问——帮助孩子更好地成长；企业人力资源专家——发挥自己对人与职业的了解；市场调查和分析专家——运用问卷调查及分析技能等。心理学有着深远的发展空间、广阔的应用前景，也有着许多未开发的疆土等待更多的人去开拓。

2. 对外汉语专业

据教育部一项统计资料显示，汉语教学在世界各地呈现出蓬勃发展的趋势。据最新统计，世界各国学习汉语的总人数已达 5000 万。汉语教学正越来越多地走进国外的大、中、小学课堂。目前，美国、新西兰、日本、泰国、韩国、加拿大、澳大利亚等国已将汉语成绩列入大学升学科目。由于学习汉语的人数日益增多，许多国家都面临着汉语教师严重不足的问题。在不少国家，中文教师已成为收入颇高、令人羡慕的职业之一。

对外汉语专业主要学习 3 个方面的知识：文学、文化和语言。文学包括中国文学和外国文学，文化包括中国文化和外国文化；语言包括汉语、英语。当然还有更重要的语言学和分支学科的知识，要求通过英语专业八级考试。对外汉语专门人才可以到国家政府机构的涉外职能部门、各专业外贸机构、合资及外资企业、传播媒体（如报社、电视台）等从事对外汉语教学、外事、国际合作交流、对外宣传、翻译等工作，就业前景看好。

3. 地理科学专业

从不规律的地质、地貌中进行研究，找出科学规律，这是一门从各种角度对地质、地表形态等地理特征进行深入研究，同时也研究地域与人们生活的关联的学问。钱学森院士把地理科学列为世界现代十个科学技术大部门之一。在西部大开发的今天，地理学更加显示出它的重要性，如黄河的整治是关系全国现代化建设的大事；西气东输，途经十多个省份，每个省如何修建输气管道在技术上更简便、在经济上更节约；还有西电东送、生态环境保护、矿产资源开发等，都离不开地理学的参与。

该专业人才就业的范围较广，主要可以从事的职业：教师——可在中学或高校从事地理教学工作；编辑——可在地图出版社从事地图的绘制、编辑工作；公务员——可在地质局、国土规划局工作；工程测量人员——可在大型建设集团从事与土地测量等相关的工作。

4. 大气科学专业

人类早就意识到，天上发生的一切与我们的生活密切相关。通过增加对大气现象的认识，以及发展和提高气象预测、天气预报、环境与气候变化预测、人工影响天气等为社会、为人类服务已成为大气科学发展的目标。在 21 世纪，信息科学与生态学的高速发展也推动了大气科学的快速发展，其研究内容与研究方式也发生了很大的变化。具体而言，现代化建设与信息时代的到来必将极大地提高人类社会活动的节奏与效率，中小尺度危害性天气信息的快速获取、传输与发布，时空范围越来越精确的超短期与临近预报对人类社会的效益也日益显著。

大气科学专门人才能运用科学的方法，研究地球大气层，通过科学试验、气象观测、数值计算和数据分析等方法，研究组成大气的成分、这些成分的分布和变化、大气风速、温度和气压等要素的水平和垂直结构、大气的基本性质和主导状态的运动规律。因此，他们可以胜任一切与大气相关的工作。例如，大气科学家——研究雨、云、风等现象的演变规律；气象预报员——提供天气预报服务；空气污染专家——研究空气污染物运动和变化规律；气象导航员——开展航空和航海气象导航工作。

5．小语种专业

小语种是相对英语这种应用广、用者多的外语而言，只有少数国家应用的外语语种，包括俄语、德语、法语、日语、西班牙语、阿拉伯语、波斯语、韩语、意大利语、希腊语等。正是由于其应用面窄，小语种的专业外语人才一直是小范围的。

语言与经济发展密不可分，随着改革开放和中国入世等一系列推动经济发展契机的到来，中国的市场日渐国际化，各国客商也纷至沓来，特别是加入 WTO 以后同世界贸易往来增强，使小语种的外语人才越来越受到社会青睐。可以预见，小语种人才将逐渐紧俏起来。

五、职业岗位分析

1．注册会计师

注册会计师（CPA）考试是“国字牌”会计考试的头牌，由于考试难度大，合格人数少，注册会计师尤显稀缺。通常注册会计师往往先就职于会计师事务所，年薪一般四五万元起步，如果到企业就职，也容易找到主管、总监一类的职位。我国需要的注册会计师约为 35 万人，而目前只有 10 万多人取得该资格。

2．人力资源管理测评师

人力资源管理测评师的就业岗位从普通的人事助理到人力资源总监。在一般的民营企业，人事助理年薪为 2 万～3 万元，HR 总监年薪 10 万～15 万元。而在较好的外企，一般人事助理年薪为 3 万～5 万元，主管经理级别为 6 万～10 万元。人力资源管理师考试通过率为 30%左右，助理人力资源管理师和人力资源管理员通过率为 60%～70%。

3．注册税务师

获得注册税务师执业资格的人不仅能胜任企事业单位的税收实务工作，还可以在税务师事务所和会计师事务所从事税务处理和税务咨询等实务操作，如能通过国家公务员考试，可以在政府税务部门从事纳税征管和稽查等工作，所以会有一个比较理想的就业前景。

4．报关员

报关员是指经海关注册，代表所属企业向海关办理进出口货物报关纳税等事务的人员。

要成为报关员，须先经过考试。据了解，报关员资格考试难度较大，全国的平均考试合格率仅为 9%。因此，报关员证书的含金量相当高。

5. 报检员

报检员是指在外贸企业、代理报检企业等企业和机构中从事专业出入境检验检疫报检业务的人员。

根据国家质量监督检验检疫总局有关规定，未获得报检员资格证书的人员将不得从事报检业务。因此，要从事报检员工作，必须先参加考试。

6. 国际贸易单证员

国际贸易单证员主要负责国际贸易中运输、海关、商检等环节各种单证的管理和操作。

7. 国际商务跟单员

国际商务跟单员是以客户订单为依据，跟踪产品（服务）运作流向并督促订单落实的专业人员。国际商务跟单员的主要工作是在企业业务流程运作过程中以客户订单为依据，跟踪产品（服务）运作流向并督促订单落实的专业人员，是各企业开展各项业务特别是外贸业务的基础性人才之一。

8. 外销员

外销员是指在具有进出口经营权的企业从事进出口贸易活动的工作人员，是我国外贸行业的中坚力量。

项目八　职业生涯规划制订

在制订职业目标的实施规划时，需要考虑以下几个内容：①达到目标的途径；②达到该目标所需的能力、训练及教育；③达到该目标的积极力量；④达到该目标的阻力。

好的职业生涯规划的内容应该有具体的措施。例如，达到目的的途径，是通过能力和业绩，还是通过社会关系，或是通过获得文凭；教育和培训如何获得，谁支付培训和教育的费用；在什么时间培训，到哪个机构和单位接受培训；获得培训的主要阻力是什么，如何克服；获得教育的优势是什么。这些都应该想清楚。

任务一　职业生涯规划设计

职业生涯规划设计是指一个人一生职业发展道路的设想和规划，包括如何在一个职业领域中得到发展，打算取得什么样的成就等问题。合理设计自己的职业生涯是迈向成功的第一步。

1）职业生涯规划为你提供了成功的技术与方法。

2）职业生涯规划可使你充分认识自己，客观分析环境，科学地树立目标，正确选择职业，运用适当的方法，采取有效的措施，克服职业生涯发展中的阻碍，使人生获得事业的成功。

3）做好职业生涯规划，认清自己，并在开发自身内在潜能上不断探索和发展，正确掌握人生方向，创造成功的人生。只有树立了明确的目标，才能向着目标的方向努力，才能有意识地收集有关素材，创造有利条件，使你的事业尽快取得成功。事实证明，无论你从事什么工作，只要经过科学的职业生涯设计都可能成才。

职业生涯规划是根据一定的职业目标进行的，是为了实现这个目标而做的设想和打算，所以你应当尽快确定自己的职业目标，如打算成为哪方面的人才，打算在哪个领域成才等。对这些问题的不同回答不仅会影响个人职业生涯规划，也会影响个人成功的机会。

无论从事什么职业、从事什么工作，只要通过科学的职业生涯规划，都可能使一个人的目标得以实现，使一个人的事业取得成功，使一个平凡之人发展成为一个出色人才。每位大学生都应确信，职业生涯规划是人成才的一种有效方法。

一、职业生涯规划定位

1. 根据兴趣与能力特长定位

职业生涯规划应与自己的个人性格、气质、兴趣、能力特长等方面相结合，充分发挥自己的优势，扬长避短，体现人尽其才、才尽其用的要求。择业前要对自己的水平、能力、薪资期望、心理承受度等进行全面分析，做出较准确的定位。不可悲观，给自己定位过低；也不可高估自己，对自己期望值过高。不要过分在意公司的名气、薪资。只要这家公司、这项专业岗位适合自己，就应该尝试，争取被录用。确立从基层做起、从基础做起，逐步积累经验、循序渐进、谋求发展的从业理念。

1）兴趣是个体积极探究事物的认识倾向，这种倾向常具有稳定、主动、持久等特征。如果一个人对某种工作产生兴趣，他在工作中就会具有高度的自觉性和积极性，在工作中做出成就。反之，一个人对工作没有兴趣，就不可能将自己的精力投入工作中，也就不可能取得工作中的成功。但兴趣爱好也并不总是起着正向的驱动作用，有时它也是一种耗散力。例如，有的大学生对任何事情都感兴趣，但没有形成自我特色；有的大学生兴趣面太窄，不能形成优势；有的大学生的兴趣与所学专业不一致等，这就给职业生涯设计的大学生带来困惑，要求大学生在进行职业生涯设计时，对自己的兴趣有一个客观的分析，对自己的兴趣爱好进行重新培养和调整。

2）能力特长是人们成功地完成某种活动所必须具备的个性心理特征，是人们在社会实践中所表现出来的身心力量。按照自己的能力特长进行职业生涯设计是大学生应特别注意的问题，因为任何一种职业都需要一定的能力，不同职业有不同的能力要求。能力特长对职业的选择起着筛选作用，是求职择业以及事业成功的重要保证。需要提醒的是，知识多、学历高的人不一定能力强，大学生切不可将学习成绩作为评价能力高低的唯一尺度。大学生应在对自己的能力特长有一个正确的自我认知和评价的基础上，根据自己的真才实学和能力特长进行职业生涯规划。

2. 根据性格定位

根据霍兰德对性格与职业匹配的分类（详见项目三任务一）确定自己的职业定位。

另外，美国麻省理工学院将职业定位划分为技术型、管理型、创造型、自由独立型和安全型5类。

技术型的人出于自身个性与爱好考虑，往往不愿意从事管理工作，而是愿意在自己所处的专业技术领域发展。

管理型的人有强烈的愿望做管理人员，同时经验也告诉他们，自己有能力达到高层领导职位，因此他们将职业目标确定为要承担相当大责任的管理岗位。

创造型的人需要建立完全属于自己的东西，或是以自己的名字命名的产品或工艺，或是自己的公司，或是能反映个人成就的私人财产。他们认为，只有这些实实在在的事物才能体现自己的才干。

自由独立型的人喜欢独来独往，不愿意像公司职员那样彼此依赖、相互协作。很多有这种职业定位的人不属于简单技术人员，他们具有相当高的职业技术能力。他们并不愿意在组织中发展，而是宁愿做一名咨询人员，或是独立从业，或是与他人合伙开业。自由独立型的人往往会成为自由撰稿人。

安全型的人最关心的是职业的长期稳定性与安全性，他们为了安定的工作、可观的收入、优越的福利与养老制度等付出努力。目前我国绝大多数的人都选择这种职业定位，很多情况下，这是由于社会发展水平决定的，而并不完全出于本人的意愿。

你的职业定位明确了吗？如果还不能明确，可以通过职业倾向测试或通过职业咨询机构，倾听职业指导师的建议确定职业。

二、职业生涯规划的影响因素

众所周知，人们一生的职业历程有着种种不同的可能，有的人从事这种职业，有的人从事那种职业；有的人一生变换过多种职业，有的人终身在一个岗位上工作；有的人事业有成，有的人则碌碌无为。这是由于影响职业生涯规划的因素是多方面的，既有主观因素，也有客观因素。每个人的职业生涯受到各种不同因素的影响产生截然不同的结果。

（一）主观因素

影响大学生职业生涯规划的主观因素是多方面的，如个人特质、职业理想、职业兴趣和职业价值观等，这些因素在大学生职业生涯规划中起着基础性作用，决定着大学生的职业发展方向和前景。

1．个人特质

个人特质包括个人的心理特质和生理特质，如个人气质、性格、健康、性别、能力等内容。

（1）气质

气质本身不能决定一个人的社会成就，每一种职业领域都可以找出各种不同气质类型的代表，同一气质的人在不同的职业部门也能做出突出贡献。气质不仅影响活动的性质，而且影响活动的效率，某些气质特征往往为一个人从事某种职业活动提供有利条件。例如，要求做出迅速、灵活反应的动作，对于胆汁质、多血质的人就比较合适，而对黏液质、抑郁质的人则较难适应。因此，大学生进行职业生涯规划和选择职业前首先要充分了解自己的气质，了解各类职业所适合的气质类型的人，尽量达到“量质选择”。

（2）性格

气质是形成性格的基础，气质特征必然在性格特征上打上烙印，性格也可以掩盖甚至改变气质的某些特征。性格和气质也是有区别的：气质主要是先天的，更多地受人的生理特点制约，可塑性较小；性格主要是后天生成，更多地受社会生活条件的制约，有较大的可塑性。气质表现的范围较窄，属于动力方面的特征；性格表现的范围几乎包括人的全部心理活动的一切稳定特点，且有好坏之分。性格与职业的关系可以说是彼此制约、相互促进的关系。因此，大学生进行职业生涯规划时要考虑性格的职业品质，尽量选择适合自己性格特点的工作。当然，性格并非一成不变，它具有很大的可塑性，在长期的职业实践中经过磨炼，也会发生适应性的变化。大学生可以根据自己的职业倾向来培养、发展相应的职业性格。

（3）健康

"身体是革命的本钱"，拥有健康的身体是任何人职业生涯开始的首要条件。健康对于职业选择特别重要，我们在进行职业生涯规划时不能不考虑身体因素。例如，身材矮小的人不适合从事公安工作，心理素质太差的人不适合从事具有冒险性的工作。我们在进行职业生涯规划时必须尽可能考虑这些因素，力求做到实事求是，使自己的职业生涯的价值最大化。

（4）性别

性别问题对事业的挑战别具意义。男人一般把时间充分分配到工作、家庭和休闲 3 个领域；而女性则多关注家务需求和工作需求的协调方面。每个人都必须把握自己的心理预期，以便充分发展自己的性别特色，并使自己能够成功，这就与个人的职业生涯密切相关。

（5）能力

职业能力有两大类：一般职业能力和特殊职业能力。一般职业能力指一般职业活动中必须具有的共同能力，如注意力、观察力、记忆力、想象力、思维能力等，这是从事任何职业都不可缺少的基本职业能力，相当于人们通常所说的智力。特殊职业能力是指顺利完成某一种特殊活动（专业活动）所必须具备的能力，是一般职业能力在专业活动中的具体体现。任何一种专业活动都要求有与该专业内容相符合的特殊职业能力。例如，教育工作者必须具有阅读能力和表达能力，音乐工作者必须具有节奏感和曲调感等。如果大学生的能力与工作要求不相符合，一定会感到不愉快和不满足。这些消极情绪又反过来影响工作，从而引起更多的不愉快。从某种意义上说，大学生所从事的工作与自己的能力匹配，是他们的事业取得成功的条件之一。所以，大学生在进行职业生涯规划时，一定要对自己的能力有正确的评估。

2. 职业理想

职业理想是人们对职业活动和职业成就的超前反映，与人的价值观、职业期待、职业目标密切相关。职业理想对大学生职业生涯规划有着重要的影响。

（1）职业理想对职业生涯目标确立具有导向作用

理想是前进的方向，是人们心中的目标。人生职业发展的目标是通过职业理想确立的，并最终通过职业理想实现。列夫·托尔斯泰曾说过："理想是指路的明灯，没有理想，就没有坚定的方向，没有方向就没有生活。"大学生在现阶段的学习生活中也已经深切地感受到，一旦学习目的不明确，学习的热情就会低落，学习的效果就不明显。因此，有了明确的、切合实际的职业理想，再经过努力奋斗，大学生的职业生涯发展目标必然会实现。

（2）职业理想对职业生涯规划具有调节作用

职业理想在现实生活中具有参照系的作用，它指导并调整着我们的职业活动。当一个人在工作中偏离了理想目标时，职业理想就会发挥纠偏作用，尤其是在实践中遇到困难和阻力时，如果没有职业理想的支撑，人就会心灰意冷、丧失斗志。此外，如果一个人只把自己的追求定位在找一个"好工作"上，即便是将来有实现的可能，也不能算是崇高的职业理想，因为这样的理想一旦实现，他就可能不思进取，甚至虚度年华。总之，一个人只有树立正确的职业理想，无论是处于顺境还是逆境，都会奋发进取、勇往直前。

（3）职业理想对职业生涯目标的实现具有激励作用

职业理想源于现实又高于现实，它比现实更美好。为使美好的未来和宏伟的憧憬变成现实，人们会以坚忍不拔的毅力、顽强的拼搏精神和开拓创新的行动为之努力奋斗。12岁时，周恩来就立下"为中华之崛起而读书"的宏伟志向，表达了他从小立志振兴中华的伟大志向。我们应该向周总理学习，从小立志，树立一个崇高的人生目标，然后，为实现这个目标坚持不懈、奋斗不止，为人民、为国家做出贡献，这样的人生才有意义。

3. 职业兴趣

职业兴趣是指人们对某种职业活动具有的比较稳定而持久的心理倾向。它是一个人探究某种职业或从事某种职业活动所表现出来的特殊个性倾向，它使个人对某种职业给予优先考虑，并具有向往的情感，表现为有从事相关工作的愿望和兴趣，拥有职业兴趣将增加个人的工作满意度、职业稳定性和职业成就感。职业兴趣在大学生职业选择、职业发展中有深刻的影响。

（1）职业兴趣可以影响人们的职业定向和职业选择

在选择职业的过程中，只要条件许可，求职者总会考虑自己对某种工作是否感兴趣。兴趣的发展一般从有趣开始，逐渐产生乐趣，并不断与奋斗目标相结合，发展成为志趣，从而表现出方向性和意志性的特点。如果人们对某一职业产生了浓厚兴趣，就会热爱、关注、追求这个职业，并为之尽心竭力。

（2）职业兴趣可以促进智力开发和潜能的挖掘

一个人对某件事物感兴趣，就会产生对该事物的求知欲和探索热情，并能够最大限度地发掘潜能，在职业实践活动中充分施展才华，创造出新的业绩，并开拓出一个新的发展空间。

（3）职业兴趣可以使人们尽快适应职业环境，提高工作效率

职业兴趣是引起和维持人们注意的重要内在因素。当人对其所从事的工作产生兴趣

时，枯燥的工作就会变得丰富多彩、趣味无穷。有关资料表明：对自己从事的工作有兴趣的人，能够发挥他全部才能的80%～90%，并且能较长时间保持高效率而不感到疲劳。而对工作缺乏兴趣的人，只能发挥其全部才能的20%～30%，且容易筋疲力尽。职业兴趣是职业成功的动力源泉。

4. 职业价值观

大学生在为自己制订职业生涯规划之前，一定要清楚和明确自己的职业价值观。职业价值观决定了哪些因素（如专业对口、发展空间大、晋升机会多等发展因素；还是工资高、福利好、保险全、工作环境舒适等这些职业要素与福利待遇有关保健因素；还是单位知名度、单位规模和权力大、行政级别和社会地位高等这些职业要素与职业声望地位有关的声望因素），哪些对大学生职业生涯规划是重要的，哪些是不重要的；哪些是大学生进行职业生涯规划时优先考虑和选择的，哪些不是。职业价值观还会影响到大学生职业生涯规划当中出现的如何处理个人与金钱的关系、与兴趣和特长的关系、与社会的关系、与名利的关系等。

（二）客观因素

每个人都是生活在一定的环境中的，环境对个人的职业有着直接或间接的影响，它左右着人所从事的行业、改变着人生的发展轨迹。大学生在制订个人职业生涯规划时，要分析各种环境特点、发展变化及趋势，做到“知己知彼”，才能够规划好自己的职业生涯。

1. 家庭环境

大学生职业生涯规划与家庭因素息息相关，家庭成员的态度和意见会左右个人的工作选择和工作态度，尤其是父母对孩子的影响。首先，父母的教育方式不同，造成孩子认知世界的方法不同；其次，父母的职业是孩子最早观察模仿的，孩子会受到父母职业技能的熏陶；最后，父母的价值观、态度、行为、人际关系等对大学生的职业选择造成直接或间接的影响。家庭作为一个人生活和成长中最密切的小环境，对大学生职业选择与规划的影响是巨大的，这主要表现在家庭期望、家庭需要、家庭的支持力度等方面。

2. 学校环境

学校教育主要指两个类型：大学以前的学校教育、大学教育。学校教育在大学生职业生涯规划中的作用也是至关重要的。每个人都有自己的老师，包括小学老师、中学老师、大学老师，他们在不同程度上给学生以楷模作用。其中，中学老师（特别是在学生心目中享有较高威信的老师）对学生的影响尤其大，老师的鼓励与支持可能决定了学生对某一学科、专业或工种的兴趣，从而使学生走上职业道路。另外，大学的归属和社会地位也影响到大学生进行职业规划。

教育是培养人们的专业技能，提高人们综合素质，从而促进个人发展的重要途径。获得的教育程度不同，人们在从事职业选择活动时所具有的能量就会不同。相比较而言，接受过较高水平教育的人，在就业以后会有较大的发展，在职业不如意时，再次进行职业选择的能力和竞争力也较强。不仅如此，人们所接受教育的专业、学科门类对职业生涯起着决定性作用，人们在选择职业、转换职业时往往与所学的专业有一定的联系，或以该专业的理论知识、技术能力为基础，流动到更高层次的职业岗位上。因此，职业的进展深受正规教育或专业培训的影响，教育程度是事业成功中不可缺少的因素。凡是社会阶层高过其父母所属阶层的人都认为，教育是改变社会地位的主要动力。

3. 就业工作环境

（1）企业文化

企业文化决定了一个企业如何看待其员工，故员工的职业生涯是为企业文化所左右的。一个主张员工参与管理的企业显然比一个独裁的企业能为员工提供更多的发展机会；渴望发展、追求挑战的员工也很难在论资排辈的企业中受到重用。若一个人的价值观与企业文化有冲突，就难以适应企业文化，这也决定了他在组织中难以得到发展。所以企业文化是个人在制订职业生涯规划时要考虑的重要因素。

（2）企业制度

企业员工的职业发展靠企业管理制度保障，包含合理的培训制度、晋升制度、绩效考核制度、奖惩制度、薪酬制度等。企业价值观、企业经营哲学也只有渗透到制度中，才能使制度得到切实的贯彻执行，没有制度或者制度制订得不合理、不到位的企业，员工的职业发展就难以实现。

（3）领导人的素质和价值观

企业的文化和管理风格与其领导人的素质和价值观有直接的关系，企业经营哲学往往就是企业家的价值观。企业主要领导人的抱负及能力是企业发展的确定因素。

（4）企业实力

企业在本行业中是具备了很强的竞争力，还是处于一个很快就会被吞并的地位？发展前景是什么？在激烈的市场竞争中，不一定是最大、最强的企业就能生存，即不是强者生存而是适者生存。只有适应环境、适应发展趋势的企业才能生存。

企业内部环境对个人的职业生涯有直接的影响，所有人都处于企业的小环境中，个体的发展与企业的发展息息相关。对企业环境进行分析，可以使个人及时地了解企业的实际发展状况前景，把个体的发展与企业的发展联系在一起，并融入企业中，这有利于个人做出合理的职业生涯规划。

4. 社会环境

（1）社会经济发展水平

在社会经济发展水平高的地区，企业相对集中，优秀企业也比较多，个人职业选择的机会就比较多，因而就有利于个人职业发展；反之，在经济落后地区，个人职业的选择和发展也会受到限制。

（2）社会文化环境

社会文化环境包括教育条件和水平、文化设施等，在良好的社会文化环境中个人能受到良好的教育和熏陶，从而为职业发展打下更好的基础。

（3）政治制度和氛围

政治和经济是相互影响的，政治不仅影响到一国的经济体制，而且影响到企业的组织体制，从而直接影响到个人的职业发展；政治制度和氛围还会潜移默化地影响个人的追求，从而对职业生涯产生影响。

（4）社会需求的影响

一般来讲，人才市场供大于求，大学生职业选择的范围大，实现的程度就高；供小于求，则选择范围相对缩小，实现程度就低。有的大学生不在社会需求的方面发展自己的职业技能，而是盲目地按个人的兴趣、喜好进行培训。这样，虽然具备了某些方面的知识与技能，但不为社会现实所需，也无法凭此实现良好的发展。

案例分析

1978 年 5 月，北京电影学院西安考区的几位摄影系老师接待了沉默寡言的张艺谋，这个陕西咸阳国棉八厂 28 岁的工人曾为买照相机卖过血，所读专业好，但超龄 5 岁。后来因文化部长的批示，张艺谋被北京电影学院破格录取，他的命运也随之改变。三十几年过去了，那个曾经很“土”的工人，现在已是世界知名的导演。张艺谋是如何取得今天的成功的呢？让我们来看一看他的事业发展历程。

张艺谋的职业规划的特点是“四步走”，即定位、积累（摄影）—学习、坚持（导演）—否定（文艺片）、准备—发展、进步（商业片），具体情况如下。

1. 职业规划准备期——定位、积累

特殊的历史环境，使年轻时的张艺谋未能上高中就插队当了农民和工人，但他坚持追求自己的梦想。终于，在 1978 年 27 岁的张艺谋开始学习自己心爱的技术——摄影，为自己未来的转型进行积累。

2. 职业规划转型期——学习、坚持

重新进入课堂学习后，张艺谋做起了摄影，虽然他的志向是导演，但他显然十分清楚自己要做什么。这个时候的他仍在学习，不是在课堂上，而是在实践中学习。当时，他拍摄的很多片子都是与当时已经很有名气的陈凯歌导演合作的，陈凯歌导演也可以算是他半个师傅。他做摄影获奖的那部《黄土地》就是由陈凯歌导演的。

3. 职业规划冲刺期——否定、准备

在《黄土地》获奖后，张艺谋有两个选择——继续作为一个已经很成功的摄影师或者转型开始做导演。然而，意料之外，他却做了另外的选择——做一名演员，并且也取得了一定的成功。这是最明智的选择。要做导演，特别是要想成为较有建树的导演，最好能亲身体验做演员的感受，才能在拍片的时候和演员契合。也许，这也是张艺谋拍片能获得成功的一个缘由。

4. 职业规划发展期——发展、进步

《红高粱》成功以后，张艺谋拍了一段时间的文艺片，并敏锐地捕捉到商业片的市场价值，并与中国电影市场的需求相契合，他开始转向商业大片，开始自己的大片之旅，并一直延续到现在。一部部片子的反响证明，张艺谋不仅是一个全能导演，更是中国电影界的一面旗帜。

点评：进入某个不太熟悉的领域，谁都会有些不适应。因此进入一个陌生的领域，找一个好师傅是必要的。师傅不仅能够教授业务知识，还可以让你看清新行业的“门槛”。再次就是寻找“好榜样”。转型后你该怎么发展、怎么进步，最初你可能有些摸不着头脑。你可以确立一个“榜样”，分析他的成功轨迹，把每一个标准予以细分，制订长期规划与短期规划。而有些人没有这样的规划，却只喜欢靠自己摸索，结果绕了很大的圈子才能走回正确的路上。张艺谋导演的成长历程告诉我们，制订清晰的职业规划是职业成功的保障，兴趣是最好的老师。不论是谁，不管自己目前扮演的是怎样的职场角色，给自己一个相对准确的职业定位，提前设定长远的职业发展规划，是决定自己职业生涯成功与否的关键。

大学生有更好的学习环境，也有更好的成才条件，应该抓住机遇，合理规划职业发展，获得职业生涯的成功。

任务二　职业生涯规划的常用方法

职业生涯规划的常用方法主要有 5W 法、SWOT 分析法、平衡单分析法、CASVE 循环、PPDF 法、内外匹配分析法、大学生涯愿景模型法。下面具体介绍前 3 种方法。

一、5W 法

利用 5W 法为自己制订职业生涯规划，可使用一些简便易行的方法。这里介绍的 5W 法依托的是归零史的模式，从询问自己是谁开始，如果能够成功回答 5 个问题，你就有答案了。

5个“W”是：①Who am I？（我是谁？）②What will I do？（我想做什么？）③What can I do？（我会做什么？）④What does the situation allow me to do？（环境支持或影响我做什么？）⑤What is the plan of my career and life?（我的职业与生活规划是什么？）

回答了这5个问题，找到它们的最高共同点，你就有了自己的职业生涯规划。先取出5张白纸、一支铅笔、一块橡皮。在每张纸的上边分别写上上述5个问题。然后，静下心来，排除干扰，按照顺序，独立地仔细思考每一个问题。对于第一个问题“我是谁？”，回答的要点是面对自己，真实地写出每一个想到的答案；写完了再考虑是否有遗漏，确实没有遗漏后，按重要性进行排序。

对于第2个问题“我想干什么？”，可将思绪回溯到孩童时代，从人生初次萌生第一个想干什么的念头开始，随着年龄的增长，回忆自己真心向往、想干的事，并一一记录下来，写完后再考虑是否有遗漏，确实没有遗漏后，就认真地进行排序。

对于第3个问题“我能干什么”，则要把确实已证明的能力和自认为还可以开发出来的潜能都一一列出来，认为没有遗漏后，就认真地进行排序。

第4个问题“环境支持或允许我干什么？”，回答则要稍作分析：环境，有本单位、本市、本省、本国和其他国家，自小向大，认为自己有可能借助的环境，都应在考虑的范畴之内。在这些环境中，认真考虑自己可能获得的支持和允许，并一一写下来，再以重要性排列。

如果能够成功回答第5个问题“我的职业与生活规划是什么”，你就有了最后的答案。做法是，把前4张纸和第5张纸一字排开，然后认真比较第1～4张纸上的答案，将内容相同或相近的答案用一条横线连起来，你会得到几条连线，而不与其他连线相交的，又处于最上面的线，就是你最应该做的事情，你的职业生涯就应该以此为方向。你要在此方向上以3年为周期，提出近期、中期与远期目标，然后在近期目标中提出今年的目标，将今年的目标分解为每季度目标、每月目标、每周目标、每天目标。

二、SWOT分析法

SWOT［strength（优势）、weakness（弱势）、opportunity（机会）、threat（威胁）］分析法（又称态势分析法）实际上是制订企业战略规划的一种分析工具，在市场营销管理中经常使用。近年来，常被用作生涯决策分析的使用方法，利用此方法可以帮助人们对内外因素进行全面、系统、准确的分析，检查个体的技能、能力、兴趣，分析个人优缺点，清晰地认识到自己所感兴趣的不同职业的机会和威胁所在，并制订与之相应的发展战略。

其中，S、W是内部因素，O、T是外部因素。每个人都可以通过SWOT分析，了解自己的优势和劣势以及生涯发展机会等。其中，SWOT分析可以通过以下3个步骤完成。

首先，分析环境。环境包括内部环境和外部环境，内部环境指能力、优势等，外部环境指社会、家庭、行业状况、就业形势等。

其次，构建 SWOT 矩阵。将以上 4 个方面的因素按对生涯决策的影响程度排列出来，其各个问题的重要程度可以用对比矩阵技术分析得出。

最后，组合决策类型。遵循内部环境与外部环境结合的原则，组合出 4 种类型，并对组合类型进行系统的综合的分析，得出一系列适合自己的可选择的对策，见表 8-1。

表 8-1　内外部环境及 SWOT 矩阵

外部环境		内部环境	
O	T	S	W
		S-O 对策	W-O 对策
		S-T 对策	W-T 对策

综上所述，在完成内外部环境分析和 SWOT 矩阵的构建后，我们可以清楚地认识到自己的优势和机会，同时清楚地看到自己的不足和威胁，从而强化优势，抓住机会，化解威胁，对待劣势视具体情况而定。如果威胁一直存在，不能回避，就要用优势战胜它；如果劣势不构成职业发展的障碍，就不要太在意；反之，要尽可能地弥补。另外，花时间弥补劣势，不如花同样的时间强化自己的优势，因为事业的成功主要靠的是优势，而不是劣势。

三、平衡单分析法

平衡单分析法是比较常用的生涯决策方法之一，它可以帮助我们在做出生涯决策时具体分析每一个可能的选择，评估各方案实施后的利弊得失，并在此基础上排出优先次序，最后便于我们做出选择。

平衡单分析法将不同的选择方案放在由“自我—他人”“精神—物质”所构成的 4 个范围内（图 8-1）进行评估，平衡考虑了四大主题：自我物质方面的得失、他人物质方面的得失、自我精神方面的得失、他人精神方面的得失，并兼顾了内部环境和外部环境。

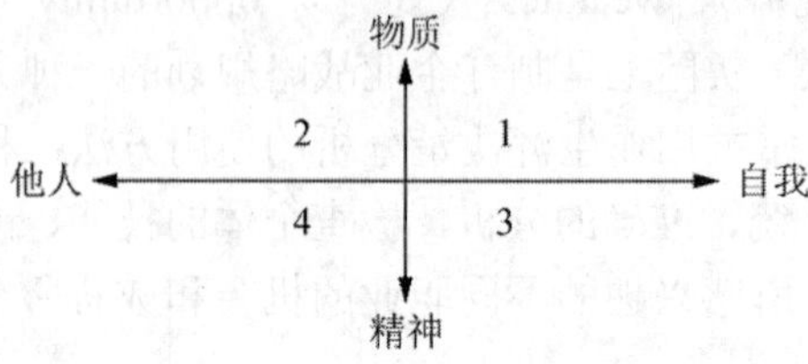

图 8-1　生涯决策考虑因素的维度

个体在进行生涯决策时，可根据自身的实际情况考虑平衡单中的因素，但要尽量全面且对决策至关重要。另外，在使用生涯决策平衡单进行决策时，不仅注重决策结果，其过程也很重要，主要包括以下几个具体步骤。

第一，列出各种可能的选择（一般 2～4 个）。

第二，在 4 个考察的范围内列出做出生涯决策时应考虑的因素。

第三，根据自己的实际情况，对每个考虑因素设置权重（加权分数可以是 1～5 分，共 5 档，重要程度越高，分值越高）。

第四，考虑这些因素在每个选择中的得失程度（从-1.0～1.0 给分，-1.0 为全失，1.0 为全得）。

第五，把各因素的权重和相应的得失分数相乘后再相加，得出每一个选择的总分。

第六，根据总分确定选择的优先顺序，最后确定最优选择。

案例分析

王华是某重点高校建筑设计系的学生，学习成绩优秀，专业实践能力强，但他一直对经济学感兴趣。大学毕业时他准备考研，若报考建筑类专业，因他有 4 年的学习基础，有可能考取公费研究生，毕业后待遇肯定不错；又因一直对经济学感兴趣，想跨专业报考经济类专业的研究生，学习自己感兴趣的东西，但跨专业报考难度大，考取公费研究生的可能性小。家人、朋友和老师对其选择也意见不一，为此王华感觉很难做出选择，最后在学校就业指导服务中心生涯辅导老师的帮助下王华利用平衡单分析法做出了选择，见下表。

王华的决策平衡单

考虑因素		本专业报考		跨专业报考	
		得（+）	失（-）	得（+）	失（-）
个人物质方面的得失	就业机会（3）	1.0			-0.5
	工作待遇（3）	0.8		0.2	
	是否成功（3）	0.8			-0.3
	生活变化（3）		-0.4	0.8	
	对健康的影响（4）		-0.5	0.6	
个人精神方面的得失	成就感（3）		-0.6	0.8	
	兴趣的满足（4）		-0.9	1.0	
	价值观（4）	0.2		0.8	
他人物质方面的得失	家庭收入（1）	0.3			-0.2
他人精神方面的得失	家人支持（3）	1.0			-0.4
总分		1.5		2.8	

注：各因素权重为 1～5 分，得失程度为-1.0～1.0 分。

点评：王华通过利用平衡单分析法可以较容易地做出跨专业报考研究生的决策，并在决策中理清思路，进一步了解到自己最看重的是兴趣爱好、成就感和价值观等。

任务三 职业生涯规划书撰写的内容与要求

一、职业生涯规划书撰写的内容

职业生涯规划书并没有固定的模式，也不拘泥于刻板的形式。因为每个人的个性特征和生活际遇不同，每个人的人生憧憬也不一样，所以，对于职业生涯的规划不可能千篇一律，职业生涯规划书的形式是多种多样的，内容也是丰富多彩的。一般来说，职业生涯规划书包括以下几个方面的主要内容。

1. 自我认知

自我认知主要包括个体基本特征、职业兴趣、职业能力和价值观等，具体而言，就是对自身的年龄、身体状况、受教育情况，以及优缺点、职业技能和职业价值观的阐述和剖析。

2. 环境认知

环境认知主要包括职业认知、家庭认知和社会环境认知。职业的内容和环境、胜任标准、进入职业的途径，职业本身的前景和发展路径，从事该职业人员的生活方式，对婚姻、家庭等的影响；家庭氛围、社会环境中会对职业生涯规划产生影响的各种因素分析。

3. 职业目标定位

职业目标定位，就是清晰地明确一个人在职业上的发展方向，它是人在整个职业生涯发展历程中的战略性问题，也是根本性问题。具体而言，职业目标定位的主要内容包括选择哪种行业、选择行业中的哪一种工作。也就是找准一个人的职业类别，以及自己在职场中应该处于的位置。它是职业规划及职业发展的第一步，也是基础的工作、最重要的一步。定位错误或者偏差较大，必然意味着职业生涯的挫折和失败。

4. 制订行动计划和策略

行动计划和策略是指达到目标选择的具体行动计划和所适用的策略，可以制订短期计划、中期计划和长期计划。例如，大学期间的专业学习、职业技能培训和社会实践等可以作为短期计划，大学毕业后可制订 5 年计划，具体内容可包括职场适应，知识、人脉等方面的积累，职位升迁等；还可制订大学毕业 10 年后的长远计划，包括婚姻家庭、子女教育和身心健康等方面。

5. 评估与调整

职业生涯规划是一个动态的过程，必须根据实施结果的情况以及变化情况进行及时的评估与修正，如组织环境、经济状况、新的机遇、新的潜力发掘等因素是否发生变化，原计划的执行情况分析等。

案例分析

我的梦想是当教师，我认为教师是人类灵魂的工程师，是最崇高的职业。

有人说，赢就要赢在起点上，作为专科生的我，虽然学历比本科生、硕士生逊色，但我的精力、决心却不逊于他们，他们具有的努力、热情、自信、真诚品格，我也有。我相信勤能补拙，不是说成功等于99%的勤奋加1%的智慧吗？只要用比别人多1%的勤奋不就可以弥补这1%的缺憾吗？那成功不还是属于我吗？

1）自身特点。我学的是商务英语专业。我真诚热情，不骄傲、不浮躁；对于学习，我很认真；我遇事绝不退缩，喜欢战胜一切。所以，我认为我非常适合做一名耐心、热情、有活力的英语教师。

2）职业目标。创办英语培训学校。

3）初始目标。2005～2007年完成学业，争取以优异成绩作为进入社会的敲门砖。

具体措施：20岁的热气球框里载着我满腹的希望，而我如何才能载满成功起飞呢？我毕业后的第一个目标是当一名英语教师。我现在要做的，就是为我的教师生涯准备好一砖一瓦。

为此，我必须在这2年内取得以下资格证书：英语六级证书、教师资格证书、普通话考试等级证书（甲级一等）、全国计算机等级考试二级合格证书。

4）中期目标。2007～2016年，做一名优秀的英语教师。

我知道要成为一名优秀的英语教师，仅有学历、证书是远远不够的，我必须深入学生中，把我所学的英语知识毫无保留地传授给他们。

① 英语角应该成为我和学生交流的一个平台。

② 课堂教学应该形成自己的特色，让学生乐学、爱学。

③ 成为学生的知己。据调查，70%的学生都敬畏老师，而调查的另一组数据表明，大多数学生愿意和老师交朋友，既然大多数学生愿意成为我的知己，我何乐而不为呢？

④ 分析学生的特点。每个学生都有不同的特点。例如，学生甲不想学习，你有没有查一查是哪方面的原因造成的？是家庭？是社会？还是自身？如果只是厌学，那你找出原因了吗？

⑤ 为学生解决好一切后顾之忧，成为他们坚强的后盾。

5）创业目标。两步走：2016~2026年开设英语培训班；2026年创办××英语教师培训学校，打响自己的办学品牌。

开设培训班并不是我心血来潮的事，我在江苏泰州上学时，早已流行培训班，而我的家乡在外语培训这一块还是空缺。为此我做了一项调查，发现94%的人希望办培训班，其中有56%的生源是平均年龄为8岁的孩子，父母希望自己的孩子能上英语培训班。如此有前景的市场不抓住岂不可惜。而且开设培训班也是从事教育事业，既实现了自己的理想，又完成了长大后的梦想——自己当领导。机遇对于任何人来说都是平等的，我不是一个在理想面前说抱歉的人。

泰州有一家办得不错的培训班，我会考虑与他们合作，办分部。

想得很多，许多困难当然也摆在面前。

① 资金。最少需求50万元，唯一的出路就是寻找合伙人，实行股份制。

② 规模。公司处于起步阶段，资金有限，分部不会太大。我会联系一些有空余教室的学校，与他们建立租赁关系。

③ 人员。教学人员既有专职的，也有兼职的。

④ 班级情况。设剑桥英语班、成人班、小学班，还会适当办一些初三、高三复习班，还有一些迎合世界发展动向的奥运旅游英语班、世贸英语班。

⑤ 宣传。重点面向中小学。

在我集经验、财富于一身时，我会开设一所英语教师培训学校。培养老师，与培养学生不同。对象不同，方法也会有差异。而我会把中国传统的教育方式和西方成功的教学模式相结合，培养好老师，也让我们的下一代接受更全面、更科学的教育。

以上就是我对自己事业的一个初步设想，成功与否全靠自己的努力，但不管将来怎样，我的决心依旧，信念坚定。

著名的诺贝尔生理学和医学奖获得者罗莎琳·萨斯曼·耶洛（Rosalyn Sussman Yalow）在她十几岁时保证：自己要成为像居里夫人那样的科学家，还要成为一个好母亲、好妻子。在20年后她终于做到了。而一代球王贝利（Pelé）以视足球为生命的执着成为世界瞩目的球星。而我呢？对工作有热情，对自己有信心，对别人真诚，对理想执着，这些都会令我的人生更加美好、不平凡。也许你会认为我自命不凡，我不否认，但我有这份自命不凡的信心，并不是认为自己高人一等，不管自己有弱点还是缺陷，我还是坚信只要自己努力就能取得非凡的成就。

点评：制订职业规划要在知己知彼的基础上，但认识自我与外部环境不是一朝一夕就能做到的，对大学生来说，由于缺乏工作经验和社会阅历，“职业规划”很容易变成“一种美好的愿望”。

二、职业生涯规划书撰写的基本要求

职业生涯规划是对个人职业发展道路进行选择和设计的过程，规划的内容和结果应该在规划过程中及规划后形成文字性的方案，以便理顺规划的思路，提供操作指引，随时评估与修正。结合有关专家学者的观点和建议，编者认为，一个完整有效的职业生涯规划文案应该包括以下8项内容。

1）标题。标题包括姓名、规划年限、年龄跨度、起止时间。规划年限不分长短，可以是6个月、3年、5年甚至20年，视个人具体情况而定。

2）目标确定。确立职业方向、阶段目标和总体目标。职业方向即从业方向，是对职业的选择；阶段目标是职业规划中每个时间段的目标；总体目标即当前可预见的长远目标，也是在特定规划中的终极目标。在确定总体目标时，如果能适当地看得远些、定得高点，则有助于最大限度地激发规划者的潜能。

3）个人分析结果。个人分析结果包括对自己目前状况的分析和对自己将来的基本展望，也包括对自己职业生涯有一定影响的角色建议。

4）社会环境分析结果。社会环境分析结果指对政治、经济、文化、法律和职业环境等社会外部环境的分析。

5）组织（企业）分析结果。组织（企业）分析结果主要是对职业、行业与用人单位的分析，包括对用人单位制度、背景、文化、产品或服务、发展领域等的分析。

6）目标分解与目标组合。分析制订、实现目标的主要影响因素，通过目标分解和目标组合的方法做出果断、明确的目标选择。目标分解是根据观念、知识、能力、心理素质等方面的差距，将职业生涯中的远大目标分解为有一定时间规定的阶段性目标；目标组合是将若干阶段性目标按照内在的相互关系结合起来，达成更为有利的可操作目标。

7）实施方案。首先，找出自身的观念、知识、能力、心理素质等因素与实现目标要求之间的差距；其次，制订具体方案，逐步缩小差距，以实现各阶段的目标。

8）评估标准。设定衡量此规划是否成功的标准，如果在实施过程中，无法达到制订的目标或要求，应当如何修正和调整。

需要注意的是，文案内容的顺序与规划的步骤不是完全一致的。例如，职业生涯规划的第一步是进行自我评估，其次是进行外部环境分析，最后才是确立职业目标；而文案内容的顺序是先写出职业方向和总体目标，然后写出自我分析和外部环境分析的结果。其实，这并不矛盾。因为文案的形成是建立在按正常步骤进行规划的基础之上的，将职业目标提前，是为了阅读方便，突出核心主题——规划的目标，有利于实施方案进行对照、检查和修订。

任务四 职业生涯规划的实施措施、确定标准及调整方案

一、实施职业生涯规划的措施

有了一份好的计划，还要善于利用计划，督促自己始终按计划行动。由于种种原因，在许多情况下，可能出现紧急的工作，让人无法一一应对，这时就应该分清轻重缓急，予以解决；不能只顾埋头干活，而忘记努力的方向。职业发展计划就是努力的方向。

为了保证自己的行动能与努力的目标一致，需要最大限度地根据个人的职业发展计划，及时调整自己的行为。下面提出几项能够帮助学生实施职业生涯规划的措施。

1. 根据情况适当调整计划

（1）根据工作进度调整计划

至少每3个月检查一次自己的工作进度。如果感到工作和生活过于舒适，那就意味着目标定低了，需要适时适当地调高目标。如果不是职业目标太难，就应该加强紧迫感，使自己不脱离职业规划的轨道，一旦长期偏离，个人就会放弃原来的计划，使计划成为一纸空文。应酬太多时，应该学会拒绝，增加投入在职业生涯目标上的精力。

（2）动态管理计划

如果高职生的理想蓝图已经发生变化，其构想和行动规划也要做出相应的变动，使目标和策略随之改变。计划需要和现实结合，进行动态性的管理；否则，缺乏灵活性，会导致计划落空。

2. 想方设法实现目标

（1）不断提醒自己

保证经常回顾自己的构想和行动计划。为了避免忘记重要的工作及时间表，最好将这些内容放在自己经常能看见的地方，如写在日历上，时刻提醒自己。特别是随着年龄的增长，事情变得繁多，你的注意力容易发生转移，此时尤其要注意日程表。

（2）听取家人和朋友的建议

向家人和朋友公开自己的计划，是保证计划实施的重要方式。一方面，可以凭借家人和朋友的智慧帮助自己设计最佳的策略和方案；另一方面，家人和朋友可以鼓励和监督自己，增强自己的责任心及行动的力量。

（3）注意抓住机遇

获得职业发展的渠道很多，除了个人自己创造的机会外，还应该注意抓住组织所提供的机会，为实现职业目标打下基础。如果自己所在的组织有培训机会，千万不要以工作太忙、家庭事务太多、身体状况不佳、今后还有机会等为由放弃。也许失去此次机会，就失去了一个晋升、选择更有挑战的职业的机会。

3. 要有毅力

参加工作后，学习和技能培训与纯粹的学生时代不同。谈婚论嫁、工作繁忙、朋友非常多，这些都会影响到自我职业生涯发展的规划，时间不再是整块的，而是要靠自己去挤，通常需要牺牲节假日和八小时之外的时间。这就需要毅力，需要亲人、朋友的理解和支持，否则，很难长期执行计划。

4. 克服诱惑

在有些情况下，可能有一些重要的诱因，使你能获得短期内的收获，但从长期考虑有损失。例如，你是一个项目的主管，辉煌的事业正在逐步推进，这时有一个可以出国旅游的机会，个人的短期利益可以得到满足，但很可能因出国导致你的事业受到影响，该如何处理？这种时候，需要冷静地思考，权衡利弊，选择对策，做出符合职业生涯发展利益的决策。

二、确定职业生涯规划成功的标准

很多人以为职业生涯成功就是获得地位和财富的满足，于是为达到这个目标而努力工作，一旦没有在期望的时间内实现这一目标，便对自己的职业生涯产生怀疑。这是一种偏见的成功观。

在有限的时间内，我们无法实现所有的目标，但这并不意味着职业生涯的失败。每个人的价值观、职业需求、职业目标不一样，对成功的定义也会有所差异，成功的标准也不一样，每个人都可以也应该对自己职业生涯的成功下定义。

成功，从终极意义上看，就是人生顺利、成功、圆满。人生最大的两个主题是家庭和事业，而且在事业方面的成功比家庭方面的成功更能引人关注。事业上的成功，其核心就是职业生涯的成功。成功没有统一的标准，每个人都有自己的标准，并用这个标准检验自己的实际行动。

1. 职业生涯设计成功的公式

有一位美国学者提出职业生涯成功的公式：

$$成功=[(EE+CT+SP)\cdot DD]^{b}$$

式中，EE——教育和工作经验；

CT——创造性思考；

SP——推销自我的能力；

DD——目标和驱动力；

b——个人的机遇。

从这个公式我们可以看出，教育和工作经验、创造性思考、推销自我的能力对人的成功都具有一定的作用，但不是绝对必要的，即某一个甚至两个因素缺少时仍然能使人成功。当然，在这样的条件下，成功的概率会有所降低。目标和驱动力因素很小，甚至有可能为 0，在该指数大于 1 时，机遇将发挥较大的作用。

2. 职业生涯规划成功的方向

成功没有统一的标准，但大致上我们可以把它分为以下 4 种类型。

1）进取型：追求不被控制，视成功为长期的稳定和相应不变的工作。

2）自由型：追求不被控制，视成功为经历的多样性，希望有工作时间和方法上的自由，不喜欢程式化的工作模式。

3）攀登型：追求挑战、刺激、冒险，愿意创新，视成功为不断螺旋式上升和自我完善。

4）平衡型：视成功为家庭、事业、自我需求等的均衡协调发展。

每个人的职业定位不同，决定了其职业需求类型与职业目标的差异，这也造成了个人在职业生涯成功标准上的多样性。即使对同一个人，职业生涯成功的意义在不同的人生发展阶段也可能不同。

3. 职业生涯规划成功的评价

如何全面评价职业生涯？按照人际关系范围，将职业生涯是否成功的评价分为自我评价、家庭评价、组织评价和社会评价 4 类评价体系（表 8-2）。如果一个人能在这 4 类评价体系中都得到肯定的评价，这个人的职业生涯设计是成功的。

表 8-2　职业生涯 4 类评价体系

评价方式	评价人	评价指标	评价标准
自我评价	自己	① 自己的才能是否得到充分发挥 ② 对自己的组织发展、社会进步中做出的贡献是否满意 ③ 对自己的职务、待遇等方面的变化是否满意 ④ 对处理职业生涯发展与其他人生活的关系结果是否满意	根据个人价值观及个人知识能力水平评价
家庭评价	父母、配偶、子女及其他家庭重要成员	① 是否能被理解 ② 是否能够给予支持和帮助	根据家庭变化评价
组织评价	上级、平级、下级	① 是否有下级、平级的赞赏，上级的肯定和表彰 ② 是否有职称、职务的提升或职责、权利范围的扩大 ③ 是否有工资待遇的提升	根据组织或企业文化及总体经营结果评价
社会评价	社会舆论、社会组织	① 是否有社会舆论的支持和好评 ② 是否有社会组织的承认和奖励	根据社会文明程度、社会历史进程评价

三、职业生涯规划的调整方案

职业生涯是一个动态过程，我们经过审慎思考和论证制订职业生涯规划后，还必须对它进行动态管理，随时对其做出评估，并根据客观实际情况对规划中的相关内容适时加以修正并不断完善。通过对职业生涯规划进行管理，使自己的行为永远和目标相一致，通过考核把规划的目标和实际执行情况结合组织内外的客观环境进行分析与总结，对不适应客观环境的目标和策略进行及时调整，确保职业生涯规划的可执行性，以及成功实现职业生涯的总目标。

1. 调整的时间

职业生涯规划本身就是在发展中不断调整的，当工作中出现以下问题时，就应考虑调整职业生涯规划。

第一，怀疑自己不合格。如果工作感到痛苦，这可能是自己工作表现不佳而又不愿意正视这个问题。因此应该扪心自问：自己到底干得如何？你可以请上司对你的表现做出评定，以确定是否仍符合他的要求，或是请教一位精明且诚信的同事，让他为你做出非正式的评估。

第二，与上司不合拍。一种较好的测试方法是，你和上司在一起时感觉如何？是自在放松还是紧张不安？

第三，与同事不合拍。你可以问问自己：当你与单位的人交往时，是否觉得格格不入？你是否对引起他们感兴趣的话题感到乏味和无聊？如果是这样的，你可能已陷入一个无法展现自己的环境。

第四，工作过于轻松。如果你闭着眼睛都能工作时，这可能表明你的能力已远远超越你的职位而自己却不知道。你可以问自己几个问题：你仍然能够从工作中学习别的东西吗？想要进一步发展你正在使用的技能吗？

第五，对于这一行不感兴趣。如果你可以重新选择，你还会选择同一职业吗？你有兴趣阅读这一领域著名人物的自传吗？如果回答是否定的，你应该求助职业咨询顾问或参加求职测试。

2. 调整的方法

（1）重新剖析自我

掌握个人条件的变化及在职业实践中积累的经验，加深对自己的认识，判断自己的职业素质是否适合所从事的职业，弄清“我能干什么”。在此基础上选择更适合自己的发展方向，调整职业生涯规划，从而为长期发展奠定基础。

（2）对职业生涯规划重新评估

在职业发展过程中，社会环境为职业生涯带来了更多的机遇和挑战，为此，有必要对自己的职业生涯规划进行重新评估。认真分析当前经济社会发展趋势；当前从事的职业与未来社会中的地位；社会发展对自身发展的影响；目前工作现状、工作环境和人际关系等。进一步确定“我最适合干什么，我能干的是什么”。

（3）修正职业生涯目标

修正职业生涯目标即调整远期目标或阶段目标。

（4）修订、落实规划

修订一个新的自我提升的发展规划，进一步明确“我应该怎么干”。每过一段时间，就要审视内在和外在环境的变化，并及时调整自己原定的职业生涯设计。需要强调的是，调整并不是放弃，而是与时俱进。一个人的职业生涯设计不可能一帆风顺，调整的过程也是使人的综合素质和能力进一步提高的过程。

职业生涯设计能力和调整能力是从业者应终身具备的能力，也是从业者终身受益的能力。在整个职业生涯过程中，不仅需要知道自己想要从事什么工作、能从事什么工作，更重要的是需要知道以什么策略、手段取得职业生涯的进步。

案例分析

杨澜的职业规划分析如下。

1. 自我定位——传媒人

坚持目标，不懈追求。杨澜的职业角色经过几次变化，但“万变不离其宗”。无论如何转、如何变，杨澜始终把自己定为“传媒人”，聪慧的她很清楚自己的才能，所以从没有偏离做媒体这个大方向。而她的变化就在于她制订的目标层次一直在提高。

2. 自我素质的提升

（1）学习充电知识塑造

杨澜有着美丽的外貌，但她不把自己定位在吃“青春饭”，对知识塑造自己的人生格外看中。杨澜选择出国留学也就是侧重对中西文化的对比学习，通过不断学习和充实提高自己的思维能力。

（2）开放视野国际眼量

杨澜的思维意识是新潮的，也是中国电视主持人中为数不多的具有开放的国际视野的电视人，这样的开放思维让杨澜具有强烈的国际背景。这个 1968 年出生的女性，作为电视节目主持人，她曾走访了诸多的世界政要、科学家、艺术家、企业家、杰出华人、杰出女性，1996 年，她自己也被选入英国《大英百科全书世界名人录》，1999 年 2 月被《亚洲周刊》（*Asia Week*）评为泛亚太地区 20 位社会与文化领袖之一。

3. 成功转型——传媒人与商人的完美结合

2000 年 1 月，杨澜出资 4000 多万元入股我国香港上市公司良记集团，作为第一大股东担任集团主席。2000 年 3 月，良记集团更名为阳光文化网络电视有限公司。2001 年 7 月 13 日，在莫斯科国际奥委会 112 次全会上代表中国奥申委作文化方面的申办陈述，并见证了北京申奥成功。自 2003 年 3 月起担任中国人民政治协商会议第十届全国委员会委员。2005 年开始主持针对中国都市女性观众的大型谈话节目《天下女人》，其人物访谈节目始终深受世界华语观众的喜爱。

杨澜的事业虽然是商业产业，但也是文化事业，体现的是文化的责任和对社会的责任。杨澜开办阳光卫视的目的之一就是介绍历史和人文，是对文化的贡献。杨澜主持的电视节目也有很丰厚的文化含量。

点评：由央视的名主持到远涉重洋的学子，再到凤凰卫视的名牌主持，最后到阳光卫视的当家人，杨澜的角色在不断地变化。而以一位文化经营商的身份出现在公众的视野里，则是杨澜人生的又一次最重要的角色转换。这些不同角色变化的成功要归功于杨澜对人生的规划，首先她有明确的职业目标——做一位优秀的传媒人。于是针对这个目标，她一步步地制订规划，每一步都比前一步更上一个台阶、更深一个层次，所以时至今日勤奋睿智的她得以以成功优雅的姿态展现在世人面前。如果你也想成为一位优秀的传媒人，不妨借鉴杨澜规划人生的方法。

附录　大学生职业生涯规划书范例

职业生涯规划书

规划人基本情况：李某，男，1994 年 1 月出生，现就读于某院校港口业务管理专业。

撰写时间：2012 年 10 月。

前言

新生活，从选定方向开始。生命就像一张白纸，等待着我们去描绘、去谱写。作为一名大学生，我对未来满怀憧憬，希望通过修学储能和持之以恒的努力，描绘出绚丽的人生图景，谱写出美妙的人生乐章，创造有价值、有意义的人生。面对充满竞争的社会，假如没有一个明确的目标，那么自己的未来将是一片渺茫。有目标才会有动力。因此，我为自己制订了一份具有人生指导意义的职业生涯规划书，指引未来的人生航程。

一、我的职业目标

职业目标：成为高级航运管理人才。

生活取向：创造有价值有意义的人生——快乐工作，幸福生活。

二、分析主观，认识自我

（一）个人特质

1）性格活泼开朗，善于与人交流，人缘也比较好。

2）兴趣比较广泛，热爱生活，尤其喜欢阅读、旅游、打乒乓球。

3）热爱学习，有终身学习的理念，坚持活到老、学到老。

4）有较强的意志品质和较好的组织协调能力，敢于接受挑战。

（二）优缺点分析

1）优点：为人正直善良，乐于助人；有责任心，做事踏实认真、一丝不苟；有良好的团队意识和合作精神；喜欢独立思考，有较强的应变能力。

2）缺点：脾气有时比较急躁，缺乏更多的耐心；有惰性，尤其是在取得阶段性成绩后，容易滋生自满情绪，徘徊不前，不利于开拓进取。

（三）职业价值观

职业在人的一生中占据非常重要的位置。职业不仅是一个人谋生的手段，更应该成为人们服务大众、服务社会、实现人生价值的重要渠道。人的一生不能只为了金钱去追逐，最有意义的人生是快乐工作、幸福生活。

（四）自我分析小结

通过对自身性格特征、优缺点及职业价值观的认真分析，我认识到自身的优势，也充分认识到自己身上存在的问题。这样深刻的自我剖析让我更好地认识了自己，在未来的职业生涯中，我会时时告诫自己扬长避短，不断超越自我，做更好的自己。

三、分析客观，慎重选择

（一）家庭环境分析

我来自农村，父母都是农民，虽然终年都在勤恳地劳作，但家庭经济仍然十分拮据。父母要负担我和姐姐、弟弟三人学费，压力很大。尽管如此，父母常说："砸锅卖铁也要供你们上完大学。"艰苦的家庭环境让我较早体会到父母的艰辛和不易，也让我较早懂得改变命运的路究竟在何方。

（二）学校环境分析

我所就读的是一所航海类院校，港航管理系港口业务管理专业。学校坐落在广州珠江之滨，毗邻著名的黄埔军校和广州经济技术开发区，紧邻"海上丝绸之路"发源地的黄埔古港，是华南地区唯一独立建制的航海高等院校。学校实行严格的半军事管理，培养了学生高度的组织纪律性、良好的自律能力与和谐的团队精神，有助于学生形成严谨、勤奋的作风和优良的职业素养。学校一直以服务国家航运事业发展为己任，为航运系统培养了大批优秀人才，使毕业生具有良好的专业素质和敬业精神，受到了用人单位的高度肯定和广泛好评。

我所在的港航管理系是一个开放、有活力、有特色的集体，在航运、货代、物流、外运、港口以及相关行业具有较好的社会声誉。港航管理系与广州港集团、中海集装箱运输广州公司、文冲船厂、招商物流集团、宝供物流集团等共建有 10 余个校外教学实习基地，确保了实践教学与实习工作的开展，同时，还与有关单位合作开办或设有国家承认的职业资格证书等考证点。

（三）社会环境分析

我国社会就业竞争日趋激烈，大学生就业同样面临严峻的挑战。就业难使就业环境看起来不容乐观。甚至有些用人单位反映，大学生做事眼高手低，脱离实际，不愿从基层做起，缺乏吃苦耐劳精神，人际沟通能力差，比较自私，因此不愿意接收应届大学生。在严峻的就业形势下，我应该更多地考虑这样一个问题：怎样把自己塑造成为社会需要的人。

（四）职业环境分析

我国是一个航运大国，经过改革开放，我国航运事业取得了巨大的成就，未来 10 年是我国航运发展的重要战略机遇期。我国正在努力抓住机遇，开拓拼搏，实现由世界航运大国向世界航运强国的转变。航运事业的良好发展迫使学校需要培养一大批能担当国家航运事业发展重任的高层次创新人才和应用型技能人才。作为一个航海院校的大学生，我应该正确认识航运发展趋势，树立远大理想，增强责任感和担当意识，切实提升自身素质，刻苦学习专业知识，为把我国建成航运强国而不懈努力。

四、生涯设计，脚踏实地

（一）职业生涯近期规划——大学三年的行动计划（2012 年 12 月～2015 年 6 月）

1. 2012～2013 学年（2012 年 12 月～2013 年 9 月）

大学的第一学期转眼间就过去了，我深刻地意识到必须对自己有一个规划，结束忙乱而无序的状态。

第二学期努力方向——加强理论学习，注重实践活动。除了专业基础课之外，多读一些相关专业的书籍，如海关管理、航运法律等，为日后的各类证书资格考试和执业技能培养打下扎实的理论基础。暑假期间进行与专业相关的实习，积累社会经验，在活动中提升自己吃苦耐劳的精神和团队合作的能力。

2. 2013～2014 学年（2013 年 9 月～2014 年 9 月）

1）大二是专业课开设最密集的阶段，因此，一定要抓紧一切时间努力学习，打好基础。争取在这一学年，每科成绩都过 80 分，努力获得专业奖学金。

2）加强港口经营业务、国际航运组织能力、国际贸易相关能力的技能训练，提升专业素养，培养港口经营业务操作能力和物流运作管理能力。一定要走理论与实践相结合的道路，在实践中多锻炼、多学习。争取有机会到附近港口参加实践锻炼。

3）2013 年 6 月～12 月参加高等学校英语四级考试，争取一次通过。

3. 2014～2015 学年（2014 年 9 月～2015 年 6 月）

1）加强货运实训、港口信息系统实训和办公室管理实训，进一步提高国际货运代理业务操作、集装箱码头业务操作能力及办公室管理应用能力，具备执业资格，考取国际货运代理资格证书、理货员资格证书。

2）2014 年 6 月～12 月参加高等学校英语六级考试，争取一次通过。

3）考取全国计算机等级考试二级合格证书。

4）参加单证员和跟单员考试，拿到国际商务单证员和跟单员证书，这些证书既可作为从事职业活动和上岗应聘的证明，也是用人单位招聘录用、绩效考核、选拔晋升管理人员的重要依据。

总之，大学期间要充分利用校园环境及条件优势，认真学好专业知识，培养学习、生活和工作能力，全面提高个人综合素质，为就业做好准备。

（二）职业生涯中期规划——大学毕业 10 年内（2015 年 7 月～2025 年 7 月）

1）利用 3 年左右的时间，经过不断的尝试和努力，逐步找到适合自身发展的工作环境和岗位。同时，提升学历和知识结构，毕业后 3 年内完成本科学历的学习，8 年内完成硕士研究生学历的学习。

2）进一步学习与货物进出口有关的法律、对外贸易、商品知识，掌握海关法律、法规、规章，在系统学习的基础上，参加报关员考试，取得报关从业资格证书，具备办理报关业务的技能，使自己成为业内的“双师型”人才。

3）在技能方面，使自身具备流利的外语交流能力，熟悉贸易规则、懂得贸易流程、同时具有熟练的办公操作能力，全面提升自己的港口管理能力和水平。

4）关注行业的发展动态，向有经验的人学习计划、组织和领导的具体应用方法，不断培养自己的组织和决策能力，努力开创职业生涯的新局面。

（三）职业生涯远期规划——大学毕业 10 年以后（2025 年 7 月之后）

1）坚持终身学习的理念，在努力工作之余，不断学习各方面的知识，紧跟行业和社会发展的步伐，不断提高自身的修养。

2）通过扎扎实实的努力，使自己成为一名优秀的航运管理人才。

3）坚持锻炼身体，健康工作 50 年，幸福生活一辈子。

五、职业生涯规划评估与调整

（一）职业生涯规划评估

我国适逢航运事业发展的重要战略机遇期，作为一个航运事业的未来接班人，我会把握难得的历史机遇，按照职业生涯规划的目标，积极向上，不断充实自己，把个人的学习成长和社会发展的需要紧密结合在一起，在社会发展的大舞台上实现自己的人生价值。

为了更好地指导自己的人生实践，要对职业生涯规划进行必要的评估、反馈，审时度势，正确分析对职业生涯规划产生影响的各种因素，并及时做出调整和优化，以便更好地指导自己实现最终的目标。

（二）职业生涯规划调整

世界上的人和事总是处于不断发展变化中。在职业生涯规划实施的过程中，如果情势发生了重大的变化，应及时修正对自我和社会的认知，及时检验职业定位与方向是否仍然具有可能性及合理性，针对现实的情况，纠正职业目标中存在的偏差。同时不断更新自己的知识体系，与时俱进，增强自身的核心竞争力。只有这样，才能在变化发展的世界中立于不败之地。

结束语

“既然选择了远方，就要风雨兼程。”未来的路很漫长，或许很艰辛，但只要坚定信念，未来的路上一定充满阳光。

参 考 文 献

陈敏，2008．大学生创业设计[M]．上海：上海中医药大学出版社．

杜汇良，刘宏，薛徽，2009．高校辅导员九项知能教程[M]．北京：高等教育出版社．

方伟，2008．大学生职业生涯规划咨询案例教程[M]．北京：北京大学出版社．

傅洪涛，陶桓祥，2006．大学生职业规划与创业指导[M]．北京：中国财政经济出版社．

胡解旺，2004．大学生就业报告[M]．北京：中央编译出版社．

黄敬宝，2008．就业能力与大学生就业：人力资本理论的视角[M]．北京：经济管理出版社．

李德全，2005．大学生就业指导实用教程[M]．北京：中国文史出版社．

李树森，2004．大学生就业与创业指导[M]．沈阳：辽宁教育出版社．

李学东，潘玉香，2006．大学生创业实务教程[M]．北京：经济科学出版社．

刘敏榕，2009．职业生涯规划与就业实训[M]．天津：天津科学技术出版社．

罗明辉，姚江林，王燕，2005．大学毕业生就业指南[M]．2 版．武汉：华中师范大学出版社．

毛文学，2007．大学生创业 100 例[M]．北京：长征出版社．

曲振国，2008．大学生就业指导与职业生涯规划[M]．北京：清华大学出版社．

孙长缨，2008．当代大学生就业研究[M]．北京：高等教育出版社．

王海棠，2009．大学生就业指导教程[M]．北京：北京大学出版社．

王豫，孙爽，2009．大学生职业生涯规划和就业指导[M]．重庆：西南师范大学出版社．

魏卫，张补红，2008．职业规划与素质培养教程[M]．北京：清华大学出版社．

吴亚平，2009．大学生职业生涯规划与就业指导[M]．上海：复旦大学出版社．

伍维根，张旭辉，彭德惠，2007．大学生就业创业教育教程[M]．成都：西南交通大学出版社．

谢守成，2008．大学生求职策略与技巧[M]．武汉：华中师范大学出版社．

许明，2006．激发你的梦想：大学生就业指导[M]．北京：清华大学出版社．

易发久，2001．成功一定有办法[M]．北京：世界图书出版公司．

张厚粲，2001．大学心理学[M]．北京：北京师范大学出版社．

张天桥，侯全生，李朝晖，2008．大学生创业第一步[M]．北京：清华大学出版社．

张星河，2008．求职与就业指导[M]．北京：北京大学出版社．

张子睿，2008．大学生创新与创业能力提升[M]．北京：科学出版社．

章加裕，余康发，陈树发，2009．大学生就业指导概论[M]．成都：西南交通大学出版社．

钟谷兰，杨开，2008．大学生职业生涯发展与规划[M]．上海：华东师范大学出版社．

周群，2007．职业人生与就业指导[M]．北京：北京大学出版社．

周湘浙，2006．大学生就业指导[M]．杭州：浙江大学出版社．